MANUAL DE E CONDUÇAO

Reino Unido
Edição 2009

Autor: J. Fernandes
Editor: JFernandes
Impressão: Casa de Trabalho - Bragança
Deposito legal:
ISBN: 978-0-9556663-2-2

Editado por (Published by): J. Fernandes

www.jfernandes.eu

Para mais informação ligue: +44 (0)7958 985 562
Email: Info@jfernandes.eu

1

ÍNDICE

GLOSSÁRIO

ABS Brakes	Sistema de travagem anti-bloqueio
Advanced Driver Certificate	Certificado concedido por frequentar pequenos cursos de condução avançada, que contribuem para aumentar a segurança e que geralmente incluem condução na autoestrada (ex. Pass Plus certificate). É aconselhável a todos os novos condutores porque um quinto dos acidentes mortais envolve condutores com pouca prática.
Aquaplaning	Aquaplanagem/hidroplanagem – os pneus perdem contacto com a estrada devido à formação de uma fina película de água entre os pneus e o asfalto. 
Black ice	Gelo difícil de ver na estrada.
Blind spot	Ponto cego/ângulo morto (área não visível nos espelhos) 
Box junction	Quadriculado de linhas amarelas nos cruzamentos congestionáveis 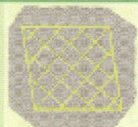
Breakaway cable	Cabo de segurança 

Glossário

Cattle grid	Grades com tubos de metal na via para evitar que certos animais domésticos (geralmente gado) usem a estrada para sair de uma determinada área.	
Chicane	Medida destinada a obrigar a moderar a velocidade do trânsito.	
Clearway	Área que deve manter-se livre para facilitar o escoamento de trânsito. Normalmente é proibido parar ou estacionar nessa área.	
Coasting	Conduzir com o veículo desengrenado/embraiado (em ponto morto ou com a embraiagem a fundo)	
Contraflow system	Sistema de desvio de vias de trânsito	
Corner steadies	Estabilizadores para as esquinas	
Hard shoulder	Berma asfaltada (Br. Acostamento)	
Harness	Cinto / arnês	

Glossário

Hazard warning lights	Luzes indicadoras de perigo / 4 piscas	
Jockey wheel	Roda auxiliar usada para estacionar reboques ou caravanas.	
Level crossing	Passagem de nível	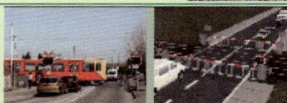
Moped	Ciclomotor – moto com cilindrada inferior a 50 cc. e velocidade máxima inferior a 40 km/h (25 mph)	
MOT	Inspecção anual obrigatória para veículos com mais de três anos.	
Motoring organization	Organização de assistência ao motorista (ex. AA, RAC, Greenflag, ETA, etc.)	
Pass Plus Scheme	ver Advanced Driver Certificate	
Road Rage	Violência verbal/física devido ao trânsito.	
Road Tax Disc	Selo do Imposto da estrada /de circulação	
Rumble device	Bandas cromáticas	

Glossário

School crossing patrol	Pessoas que param o trânsito para que os peões possam atravessar, geralmente perto de escolas.	
SORN declaration	Statutory Offroad Notice Declaração em como o veículo não está, nem vai ser usado, em vias públicas.	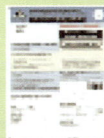
Spot lights	Faróis de nevoeiro	
Stabilizer	Estabilizador de barra para caravanas/reboques	
Sunroof	Abertura no tejadilho/teto	
Tailgating	Ir demasiado perto do carro da frente.	
U turn	Inversão do sentido de marcha (virar o carro em sentido contrário). Br.- Retorno	
Vehicle registration certificate	Documento de registo do veículo	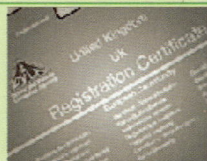

Glossário

PORTUGUÊS	Variante Br. / IMAGEM	
Alcofa/ Cadeira de bebé	Br. Bebê conforto	
Autocarro	Br.- Ônibus	
Autoestrada	Br.- Rodovia	
Caixa de velocidades	Br.- Caixa de câmbio	
Carta de condução	Br.- Carteira de motorista	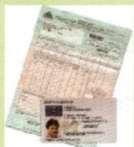
Carrinha	Br.- Van	
Comboio	Br.- Trem	
Elétrico	Br.- Bonde	
Esfera de engate/bola de reboque		

Glossário

Gravilha	Br.- Cascalho
Lombas	Br.- Lombadas
Marcha-atrás	Br.- Marcha Ré
Mudança	Br.- Marcha / Câmbio 
Paragem de autocarro	Br.- Ponto de ônibus
Passadeira	Br.- Faixa de pedestre 
Passeio	Br.- Calçada
Peão	Br.- Pedestre
Rotunda e Mini-rotunda	Br.- Rotatória/Balão 

Glossário

Tejadilho	Br.- Teto do carro
Telemóvel	Br.- Celular
Travão	Br.- Freio

Depois de aprender as regras e sinais de trânsito é essencial estudar as perguntas e respostas para o exame de código. Para isso deve adquirir o Livro de Perguntas e Respostas - Exame de Código, onde encontrará TODAS as perguntas e respetivas respostas em português, traduzidas do livro oficial da DSA.

Para a segunda parte do exame deve praticar no computador com o CDRom "Hazard Perception"

1. REGRAS BÁSICAS

Respeite sempre os outros utentes da estrada e tenha paciência com aqueles que cometem erros. Lembre–se que todos, sem exceção, passamos por um período de aprendizagem e depois, com o decorrer dos anos, os reflexos vão-se tornando mais lentos.

1.1 VIAJAR COM SEGURANÇA

❖ Faça os planos da viagem antes de começar a conduzir.

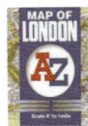

❖ A roupa e o calçado que vai usar durante a viagem devem permitir controlar bem o veículo.

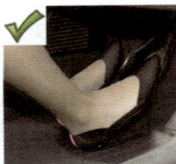

❖ Verifique se os espelhos estão na posição correcta.

❖ Ajuste o encosto para a cabeça a fim de evitar ferimentos no pescoço em caso de acidente.

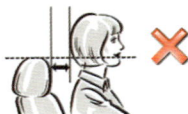

❖ Desligue o telemóvel (celular).

❖ Verifique se o depósito tem suficiente combustível. Se ficar sem combustível no meio do trânsito, pode ser perigoso. Em certas estradas pode não haver estações de serviço frequentemente.

❖ Se levar passageiros nos assentos traseiros não se esqueça que em caso de acidente, se não levarem o cinto de segurança posto podem causar ferimentos graves ou mesmo fatais aos ocupantes dos assentos da frente.

❖ Inicie a viagem com bastante antecedência para poder conduzir sem pressas.

❖ Evite conduzir entre a meia-noite e as seis da manhã porque nesse período o corpo está menos alerta.

❖ O risco de ter um acidente aumenta muitíssimo quando conduzimos cansados. Em viagens longas descanse pelo menos quinze minutos depois de duas horas de condução.

❖ Se sentir sono durante a viagem, pare num lugar seguro. Não deve parar na berma da autoestrada. A melhor forma de combater o sono é beber um café forte ou dormir um pouco (pelo menos 15 minutos).

❖ Quando a visibilidade é fraca, e durante a noite, não deve usar óculos escuros, lentes ou viseiras/visores que possam limitar ainda mais a sua visão.

Os condutores devem informar a DVLA se tiverem algum problema de saúde que possa afectar a condução.

Para poder conduzir é necessário ser capaz de ler a matrícula de um carro a 20 m de distância. Se para isso precisar de óculos ou lentes de contacto, DEVE usá-los sempre que conduzir. A polícia pode fazer o teste da vista ao condutor em qualquer momento.

1.2 ÁLCOOL E MEDICAMENTOS/DROGAS

Se beber álcool não conduza

Mesmo em quantidades reduzidas, o álcool afecta a capacidade para conduzir .

Constitui um delito conduzir com uma taxa de álcool superior a 80mg/100ml.

Devido à euforia que produz inicialmente, pode dar–nos uma sensação falsa de autoconfiança ao mesmo tempo que diminui a coordenação e torna os reflexos mais lentos. Fica também reduzida a nossa capacidade para calcular a velocidade e a distância.

O álcool demora bastante a sair do corpo. Se beber ao almoço, pode ainda estar incapacitado para conduzir à noite, ou no dia seguinte se tiver bebido bastante na noite anterior.

Está também proibido conduzir sob a influência de medicamentos que afectem a capacidade de condução. Devemos ler sempre o rótulo da embalagem ou perguntar a um médico.

Não se deve conduzir sob a influência de qualquer tipo de drogas ilegais. Os efeitos podem ser imprevisíveis e podem provocar acidentes fatais.

1.3 TELEMÓVEIS E OUTRO EQUIPAMENTO

Nunca deve usar o telemóvel (celular) quanto conduz, mesmo que tenha o dispositivo "hands free". Deve parar num lugar adequado ou, se viajar na autoestrada, continuar até uma estação de serviço ou sair da autoestrada e parar num lugar seguro.

Deve fazer o mesmo se quiser consultar mapas ou manejar sistemas de navegação (SatNav/GPS), sintonizar o rádio, introduzir um CD ou realizar qualquer tarefa que possa desviar a atenção da estrada (ex. comer, beber, fumar, discutir, ouvir música demasiado alta, etc).

Nunca se deve usar o telemóvel (nem fumar) perto dos locais de abastecimento de combustível.

1.4 MOTOCICLISTAS

❖ Os condutores e passageiros de motos devem usar sempre capacete. Este deve ser legal e estar corretamente apertado.

❖ Recomenda-se o uso de proteção para os olhos, que deve obedecer às exigências legais. Antes de iniciar uma viagem deve verificar se a viseira (visor) do capacete está limpa(o).

❖ Recomenda-se também o uso de proteção para os ouvidos, luvas, botas e roupa adequada que ajude a proteger em caso de acidente.

❖ NUNCA se pode levar mais do que um passageiro. Ele deve sentar-se corretamente e manter os pés nos suportes.

❖ Quem tiver apenas a *Provisional Licence* não pode levar passageiros na moto.

❖ É aconselhável usar capacete de cor clara e roupa ou tiras fluorescentes para ser mais visível para os outros condutores, e andar com a luz ligada mesmo durante o dia.

❖ Antes de fazer manobras, verificar atrás e dos lados, usando os espelhos.

❖ Siga sempre a regra: **Observação - Sinal - Manobra**

❖ Quando há filas de trânsito, cuidado com veículos nos cruzamentos ou mudando bruscamente de via. Passe devagar e com muito cuidado entre as filas de veículos.

❖ Deve posicionar-se de forma que os outros condutores o possam ver nos espelhos.

2. O VEÍCULO

É da responsabilidade do condutor que o veículo cumpra com todos os requisitos legais.

2.1 ANTES DE CONDUZIR

Verifique se:
- ✓ Está familiarizado com os manípulos e painel de instrumentos (dashboard) do veículo (pág. seguinte).
- ✓ Todas as luzes funcionam correctamente.
- ✓ Os vidros e espelhos estão limpos e sem obstruções que dificultem a visão.
- ✓ Os limpa pára-brisas funcionam e têm água suficiente.
- ✓ A carga está bem segura e o peso não excede o limite indicado pelo fabricante, nem sobressai da carroçaria de forma perigosa e não prejudica a visibilidade. No caso de reboques ou caravanas deve estar distribuída uniformemente, com os artigos mais pesados por cima do(s) eixo(s), para evitar que o reboque comece a andar aos *ésses* (se isso acontecer, solte o acelerador e diminua suavemente a velocidade). Se levar carga pesada ou um reboque, talvez seja necessário ajustar os faróis.
- ✓ Possui pelo menos o seguro mínimo (contra terceiros) para esse veículo ou, se você não é o dono do veículo, certifique–se de que o seguro do proprietário o cobre.

Se levar crianças no veículo:
- ✓ Ative o fecho de segurança para trancar as portas.
- ✓ Não coloque em assentos protegidos com *airbag as* cadeiras para bebés (alcofas) que ficam de costas para a frente do veículo.
- ✓ Não deixe sentar crianças no espaço que há atrás dos assentos traseiros nos carros tipo "hatchback", a não ser que estejam instalados bancos apropriados.
- ✓ Mantenha sempre as crianças sob controlo.
- ✓ Permita a entrada e saída das crianças somente pela porta do lado do passeio.

2.2 PAINEL DE INSTRUMENTOS

• *Indicador de combustível*
• *Termómetro*
• *Conta-rotações*
• *Conta-quilómetros*
• *Velocímetro*

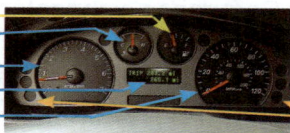

• *Limpa pára-brisas*
• *Piscas e luzes*

Indicação de problemas

1. *Luz dos travões*
   • Acende quando o travão de mão está posto.
   • Acende quando há falta de óleo nos travões.
2. *Luz do cinto de segurança*
   Acende quando o cinto de segurança não está posto.
3. *Luz da bateria*
   Acende se a bateria tiver pouca carga.
   Deve acender sempre ao ligar a chave da ignição, apagando-se logo
   que se liga o motor.
4. *Luz de avaria no motor*
   Normalmente encontra-se em veículos com EFI (Electronic Fuel
   Injection) e indica geralmente avaria no sistema eléctrico.
5. *Luz de falta de combustível*
6. *Luz do óleo do motor*
   Acende quando o nível do óleo baixa demasiado.
7. *Luz do sistema de travagem ABS*
   Acende quando há um problema no sistema ABS.
8. *Luz das portas*
   Acende quando alguma porta está aberta.
9. *Luz do sistema SRS (airbag)*
   Acende quando há um problema no sistema SRS.

◇◇◇◇◇◇◇◇

• *Luzes*

• *Piscas*

2.3 CINTOS DE SEGURANÇA

O uso de cinto de Segurança é obrigatório (se estiver instalado) para o condutor e todos os passageiros maiores de 14 anos (a menos que estejam isentos por razões de saúde, ou conduzam veículos apropriados para entregas quando se deslocam menos de 50 m).

O condutor, para além de se responsabilizar por si próprio, é também responsável por todos os ocupantes do veículo menores de 14 anos.

Crianças até 3 anos devem usar o dispositivo adequado, por ex. cadeira para crianças (child seat) ou alcofa/cadeira para bebés (baby seat, baby carrier), apropriado para o peso e altura da criança e instalado de acordo com as instruções do fabricante. As alcofas de assento invertido nunca se devem instalar em assentos protegidos com *airbag*.
Em táxis podem viajar sem sistema de retenção se não houver nenhum disponível.

Crianças entre os 3 e os 12 anos de idade com menos de 1,35 m de altura, devem usar o dispositivo adequado se o veículo tiver cintos de segurança, caso contrario devem usar o cinto de segurança normal (se houver um disponível).
Podem viajar sem sistema de retenção, se não houver nenhum disponível, em táxis ou em casos inesperados de necessidade de deslocação em pequenas distâncias, ou quando o uso de dois dispositivos de retenção (por ex. 2 cadeiras) impedir o uso de um terceiro.

Crianças até 12 ou 13 anos de idade, se tiverem mais de 1,35 m de altura, devem usar cinto de segurança normal (se houver um disponível).

2.4 LUZES

Todas as luzes (incluindo a que ilumina a matrícula) devem funcionar devidamente para poder circular nas vias públicas. Não estão permitidas luzes que incomodem os outros utentes da estrada.

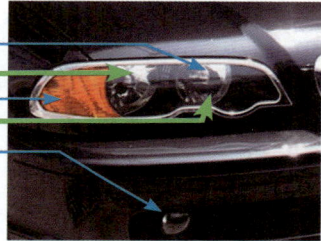

- *Mínimos*
- *Médios*
- *Pisca*
- *Máximos*
- *Luzes de nevoeiro*

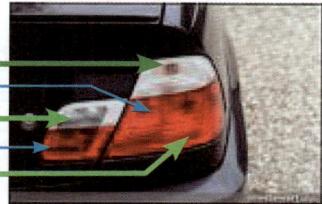

- *Pisca*
- *Mínimos*
- *Luz de marcha-atrás*
- *Luzes de nevoeiro*
- *Luz de travagem*

Mínimos / Luzes de Presença
Não iluminam a estrada mas tornam o veículo mais visível. Devem usar–se:

   ✓ à noite e quando há pouca visibilidade durante o dia
   ✓ quando estacionar na estrada e houver nevoeiro
   ✓ quando estacionar durante a noite numa estrada onde o limite de velocidade for superior a 30 mph.

Médios / Luzes de Cruzamento
Devem usar–se quando circula:

   ✓ à noite, em áreas habitadas.
   ✓ à noite nas estradas se houver veículos à frente ou trânsito em sentido oposto.
   ✓ à noite nos cruzamentos, nas ultrapassagens e nas estradas iluminadas.
   ✓ durante o dia, se a visibilidade estiver muito reduzida ou houver nevoeiro.

Máximos / Luzes de Estrada

Devem usar–se:

✓ à noite em estradas não iluminadas, se não houver trânsito à nossa frente nem em sentido contrário.

Devemos ter muito cuidado para não incomodar ou cegar momentaneamente os outros utentes da estrada. Se as luzes de outro veículo nos encandearem (deslumbrarem) ou cegarem momentaneamente, devemos reduzir a velocidade ou parar se for necessário.

Luzes de Emergência ou Perigo (4 piscas simultâneos)

Devem usar–se:

✓ quando o veículo está parado devido a emergência ou avaria e causa obstruções ao trânsito.

✓ em autoestradas ou estradas com dupla faixa de rodagem, por alguns instantes, para avisar os que vêm atrás que vai reduzir a velocidade bruscamente ou parar.

Luzes de Nevoeiro

Devem usar-se apenas quando há nevoeiro e a visibilidade é inferior a 100 metros.

Luzes de Marcha–atrás

Ligam–se automaticamente quando se faz marcha-atrás (1 ou 2 luzes brancas na parte traseira do carro).

As motos devem circular sempre com a luz ligada para serem vistas mais facilmente pelos outros condutores.

Buzina - Não se deve buzinar quando o veículo está parado (a não ser que outro veículo represente perigo), nem entre as 23:30 e as 07:00 em áreas habitadas.

2.5 TRAVAGEM, DERRAPAGEM E PNEUS

TRAVAGEM

Para parar, devemos começar a travar bem a tempo e da seguinte forma:
Primeiro de forma suave, aumentando gradualmente a pressão no pedal. Quando o veículo está quase parado devemos diminuir a pressão no pedal para evitar parar bruscamente.

❖ *Veículos sem ABS (Anti-Blocking System):*
Em caso de emergência, devemos travar imediatamente mas de forma a não fazer derrapar os pneus para não perder o controlo do carro.
Se os pneus começarem a derrapar devemos soltar imediatamente o travão e voltar a travar em seguida.
Devemos evitar travar e virar o volante ao mesmo tempo.

❖ *Veículos com sistema de travagem ABS:*
O sistema ABS ajuda a evitar que as rodas se bloqueiem quando se aplica demasiada pressão no travão.
Em caso de emergência, devemos travar imediatamente e com firmeza sem soltar o travão.
Pode–se travar e virar simultaneamente o volante.
Não é impossível derrapar mas é pouco provável. Em estradas com gelo, água, areia ou superfícies menos firmes existe a possibilidade de derrapar por breves instantes quando se pisa bruscamente o pedal do travão.

Se houver probabilidades de os travões estarem molhados (por ex. depois de passar por um troço de estrada inundada) devemos experimentá-los travando suavemente. Se notarmos que não travam eficazmente, devemos conduzir devagar pisando muito suavemente o pedal do travão para secar os travões.

DERRAPAGEM

Os pneus do carro podem derrapar/deslizar ou patinar se o condutor travar, acelerar ou virar o volante de forma demasiado brusca para as condições da estrada.
Quando a traseira do carro derrapar, devemos virar o volante para o mesmo lado que o carro desliza (ver imagem).
Só assim será possível endireitar e controlar o carro.

Veja na imagem a posição das rodas da frente. A traseira do carro desliza para o lado direito (1), vira-se o volante para a direita (2), o veículo volta à posição correta (3).

PNEUS

Os pneus (incluindo o de reserva) devem ter sempre a pressão correcta e estar bem calibrados.
A pressão deve verificar-se uma vez por semana e antes de viagens longas, quando os pneus estão frios.
Não podem ter cortes nem defeitos.
Os relevos na parte que entra em contacto com o asfalto (cerca de 3/4 da largura total) têm de ter no mínimo:

- 1,6 mm para carros e reboques com menos de 3.500 kg
- 1 mm para motos, veículos pesados e reboques com mais de 3.500 kg de peso bruto.

As *moped* devem ter relevos visíveis.

2

2.6 CUIDAR DO VEÍCULO

Mande fazer a revisão/manutenção regularmente.

Os pneus devem ter sempre a pressão correcta.
Se ao travar o veículo tiver tendência a "puxar" para um lado, significa que pode haver um problema com os travões ou com a pressão dos pneus. Vá ao mecânico o mais rápido possível.

Se rebentar um pneu durante a condução deve segurar o volante com firmeza e ir parando gradualmente na beira da estrada.

No Inverno é essencial manter a quantidade adequada de anticongelante no radiador e na água dos limpa párabrisas.

Deve haver um cuidado especial também com o óleo dos travões, porque qualquer falha pode provocar acidentes.

Verifique regularmente o óleo do motor.

Se a temperatura do veículo aumentar demasiado, pare e espere até baixar.

Quando se acende alguma das luzes de aviso no painel, ou se notar um cheiro forte a combustível, deve investigar o problema imediatamente.

Sempre que estacionar e sair do carro deve parar o motor, fechar os vidros, trancar as portas e guardar os objectos de valor num lugar não visível, ou levá-los consigo.

Nunca deixe os documentos no carro.

Se puder, mande instalar um imobilizador ou alarme.

3. A ESTRADA

Para conduzir com segurança, o condutor deve ter sempre em conta as características da via onde circula e as condições que podem afectar a condução.

3.1 TIPOS DE ESTRADAS

COM UMA FAIXA DE RODAGEM (Single Carriageway): Podem ter duas ou mais vias. É preciso ter muito cuidado principalmente quando existem 3 vias, pois se usar a do meio para ultrapassar deve recordar que por vezes os veículos que circulam em sentido contrário também a podem utilizar. Neste tipo de estradas nunca deve usar a via da direita.

Em estradas rurais deve conduzir com muito cuidado porque as curvas podem ser mais fechadas e pode haver cruzamentos pouco visíveis com estradas laterais muito pequenas.

Existe sempre a possibilidade de encontrar animais, pessoas a cavalo, ciclistas ou peões andando pela via. Se encontrar animais na estrada, reduza a velocidade e esteja preparado para parar e desligar o motor se assim o indicar a pessoa responsável pelos animais.

Em caso de avaria, se for possível pare fora da estrada. Se o veículo estiver a obstruir a via, ligue os 4 piscas e coloque o triângulo, a pelo menos 45 metros, atrás do carro, no mesmo lado da estrada. Se houver pouca visibilidade, ou à noite, deixe os mínimos ligados.

COM DUPLA FAIXA DE RODAGEM
(Dual carriageway):

Se a estrada tiver uma separação central e tiver 2 ou mais vias em cada sentido, é considerada estrada de dupla faixa de rodagem. Deve conduzir sempre na via da esquerda e só deve usar a da direita para ultrapassar ou para virar à direita.

AUTOESTRADAS (Motorways):

As autoestradas têm 2 ou mais vias em cada faixa de rodagem, uma berma asfaltada e telefones de emergência a intervalos regulares, os acessos são condicionados e não existem cruzamentos ao mesmo nível, apenas entradas e saídas no lado esquerdo.

SINGLE–TRACK

A largura deste tipo de estrada permite apenas a passagem de um veículo de cada vez. Geralmente têm *encostos* a intervalos regulares para permitir ultrapassagens ou para deixar passar

veículos que circulam na direcção oposta. Se o encosto estiver no lado esquerdo devemos usá-lo e se estiver no lado direito devemos esperar em frente para permitir ao outro veículo encostar. Nunca se deve estacionar nos encostos.

RUAS DE SENTIDO ÚNICO

O trânsito só deve circular no sentido indicado. Por vezes estas estradas/ruas podem ter vias para ciclistas e/ou autocarros em sentido contrário. Devemos escolher a posição correcta com bastante antecedência quando quisermos virar para outra rua. Se não houver indicações contrárias, deve-se usar a via da direita para virar à direita, a da esquerda para virar à esquerda, e para seguir em frente deve-se usar a mais apropriada. Neste tipo de ruas pode-se ultrapassar pela direita e pela esquerda.

Em certos tipos de estradas/ruas há dispositivos para **moderação da velocidade** (lombas, *chicanes* e passagens estreitas). Deve circular a baixa velocidade e permitir a passagem de ciclistas e motociclistas. Nunca ultrapasse outros veículos em movimento.

3.2 VIAS ESPECIAIS

Vias para veículos lentos (Crawler Lane): encontram-se geralmente nas subidas e devem ser usadas pelos veículos mais lentos para permitir aos outros veículos ultrapassar.

Vias para ciclistas (Cycle Lane): se esta via estiver marcada com uma linha contínua não deve ser usada pelos motoristas durante o horário em que está em vigor.
Se estiver marcada com uma linha descontínua também não deve ser usada para condução nem para estacionamento de carros a não ser que seja inevitável. Durante o horário em que está em vigor não se pode estacionar nessas vias em nenhuma circunstância.

Vias para autocarros ou eléctricos (Bus/ Tram lanes): nunca se devem usar durante o horário indicado ou quando se destinam ao uso exclusivo de qualquer destes veículos. Os eléctricos têm sempre a prioridade.

Vias para determinados veículos ou veículos com elevado índice de ocupação: destinam-se ao uso exclusivo de certos veículos (por ex. táxis, motos, autocarros etc.) ou de veículos com um número mínimo de ocupantes (indicado no sinal) conhecidos pelas iniciais HOV - High Occupancy Vehicle. Estas vias APENAS podem ser usadas por:

*   veículos com o número mínimo de passageiros indicado na placa.
*   outros veículos indicados (por ex. motos ou transportes públicos) independentemente do número de passageiros que transportam.

3.3 DISTÂNCIAS DE SEGURANÇA

Quando houver veículos à nossa frente devemos manter
entre o nosso veículo e o que nos precede, uma distância
que permita evitar acidentes em caso de paragem súbita
ou diminuição brusca de velocidade. A distância deve
aumentar se a estrada estiver molhada ou se houver gelo.

CONDIÇÕES	Piso seco	Piso molhado Nevoeiro	Gelo/Neve
DISTÂNCIA	2 Segundos	4 Segundos (Dobro)	20 Segundos (10 vezes mais)

Para poder calcular estas distâncias, devemos tomar como
ponto de referência um ponto fixo (por ex. um sinal de trânsito
ou marca no chão). No momento em que o veículo à nossa
frente passa por esse ponto começamos a contar os segundos.
Se passarmos pelo mesmo ponto antes de terminar de contar
significa que devemos aumentar a distância entre os veículos.
Os veículos pesados e as motos devem deixar mais espaço.
Nos túneis os veículos pesados devem manter um espaço de 4
segundos. Se tiver de parar num túnel deixe um espaço mínimo
de 5 metros entre o seu veículo e o que está à sua frente.

3.4 DISTÂNCIAS DE PARAGEM

Distância de paragem é a distância total necessária para parar. Esta distância varia de acordo com:

- ➢ a velocidade
- ➢ as condições da estrada
- ➢ as condições do tempo
- ➢ o estado do carro (pneus, travões)
- ➢ os reflexos do condutor, etc.

Para calcular esta distância devemos somar dois factores:

Distância de reação: é a distância que o carro percorre desde o momento em que aparece o perigo, até o condutor pisar o travão.

Distância de travagem: é a distância que o carro percorre desde o momento em que pisamos o travão até o carro se imobilizar.

A tabela seguinte dá uma ideia das distâncias aplicáveis, mas estas variam segundo os factores acima mencionados.

Vel.	Dist. de Reação	Dist. de Travagem	= Dist. de Paragem
20 mph (32 k/h)	6 m	6 m	= 12 metros
30 mph (48 k/h)	9 m	14 m	= 23 metros
40 mph (64 k/h)	12 m	24 m	= 36 metros
50 mph (80 k/h)	15 m	38 m	= 53 metros
60 mph (96 k/h)	18 m	55 m	= 73 metros
70 mph (112 k/h)	21 m	75 m	= 96 metros

3.5 VELOCIDADE

Não se pode exceder nunca o limite de velocidade aplicável ao veículo e à estrada onde se circula.

Quando se encontra iluminação pública, em geral o limite de velocidade é 30 mph, mesmo que não haja sinais de trânsito. Em zonas residenciais por vezes há sinais ou marcas na estrada indicando uma velocidade máxima de 20mph. Este limite deve ser sempre respeitado.

As velocidades máximas a nível nacional são as seguintes:

Tipo de veículo	Áreas urbanas MPH	1 Faixa de rodagem MPH	Dupla faixa de rodagem MPH	Autoestradas MPH
Carros e Motos incluindo carrinhas (vans) até 2 t. incl. carga	30 (48 km/h)	60 (96 km/h)	70 (112 km/h)	70 (112 km/h)
Carros com caravanas ou reboques (incluindo carrinhas/vans e motos)	30 (48 km/h)	50 (80 km/h)	60 (96 km/h)	60 (96 km/h)
Autocarros (Ónibus) (até 12 m de comprimento)	30 (48 km/h)	50 (80 km/h)	60 (96 km/h)	70 (112 km/h)
Veículos pesados de mercadorias (até 7,5 t incl. carga)	30 (48 km/h)	50 (80 km/h)	60 (96 km/h)	70 (112 km/h)
Veículos pesados de mercadorias (+ de 7,5 t incl. carga)	30 (48 km/h)	40 (64 km/h)	50 (80 km/h)	60 (96 km/h)

Atenção: Os limites de velocidade indicados podem não ser aplicáveis em certas circunstâncias, por ex.:
- devido às condições do tempo ou da estrada.
- quando houver pessoas a cavalo, ciclistas, motociclistas ou peões (pedestres), principalmente crianças.
- à noite é mais difícil ver os outros utentes da estrada.

É sempre da responsabilidade do condutor conduzir a uma velocidade segura e que permita parar no espaço livre e visível à sua frente.

Para uma condução segura, quando houver algum veículo à nossa frente devemos deixar sempre um espaço que nos permita parar ou desviar se esse veículo reduzir a velocidade bruscamente ou parar numa emergência.

Home Zones e Quiet Lanes

Deve manter uma velocidade baixa nestas áreas residenciais porque as pessoas podem usar a estrada para várias atividades. Pode haver crianças a brincar ou atividades comunitárias.

Vá devagar e com cuidado. Esteja preparado para parar porque as pessoas podem demorar mais tempo a sair da frente do carro.

3.6 LINHAS E MARCAS NA ESTRADA

Linhas descontínuas (no centro) - Separam as vias. Quando as linhas são mais compridas e os espaços mais curtos significa que há perigo. Devemos seguir com muito cuidado. Só deve pisar essas linhas se tiver a certeza de que a via está livre e somente para ultrapassar ou sair dessa estrada.

Linha Contínua na beira da estrada, marca o limite da faixa de rodagem.

Linhas duplas (no centro) - *se a do seu lado for descontínua*, pode pisar para ultrapassar, se a via estiver livre, desde que possa terminar a ultrapassagem antes de aparecer a linha contínua do seu lado. Se aparecerem setas brancas no chão indicam que deve voltar para a sua via.

Se a linha do seu lado for contínua, não a pode pisar (é como se as 2 fossem continuas), exceto para entrar em propriedades ou em estradas laterais, ou para passar por veículos parados ou ciclistas, cavaleiros e veículos de manutenção da via que circulem a uma velocidade não superior a 10 mph (16 kmh).

Linhas diagonais ou *chevrons* - Servem para separar as vias e para proteger os veículos que viram à direita. Se a linha exterior for contínua, não se devem pisar exceto numa emergência. Se essa linha for descontínua, só deve entrar na área quando for mesmo necessário e tiver a certeza de que o pode fazer com segurança.

Linhas duplas Transversais - Obrigam a dar prioridade aos que circulam na rua/estrada principal. Estas linhas podem também encontrar-se nas mini-rotundas.

Triângulo invertido - Indica aproximação de sinalização que obriga a ceder a prioridade.

Nas **mini-rotundas**, estas linhas avisam que devemos dar a prioridade aos veículos que se aproximam pela direita.

Nas **rotundas**, as linhas podem ser um pouco mais finas, mas avisam também que devemos dar prioridade a quem se aproxima pela direita.

Keep Clear - Esta área deve manter-se sempre livre. Não se pode parar nem estacionar.

Linha de "Stop" - Parar junto à linha.

As indicações no asfalto permitem escolher antecipadamente a via adequada à direção em que desejamos seguir.

Box junction/Cruzamento congestionável - Não pode avançar para a área das linhas, mesmo que o sinal esteja verde ou tenha prioridade, se não houver espaço para o veículo depois das linhas. Apenas podem parar em cima das linhas os veículos que vão virar à direita e não podem avançar devido ao trânsito em sentido oposto, ou devido a outros veículos que também vão virar à direita.

Linhas amarelas em ziguezague - Encontram-se geralmente perto das escolas. É sempre proibido parar ou estacionar.

Linhas vermelhas e amarelas:

2 Linhas vermelhas - Encontram-se nas *Red Routes*. Proibido parar (sempre).

1 Linha vermelha - Proibido parar no horário indicado na placa.

Nas *Red Routes* os espaços para carga/descarga ou estacionamento estão marcados com linhas vermelhas.

2 Linhas amarelas na estrada - Proibido estacionar (sempre).

2 Linhas amarelas na esquina do passeio - Nunca pode parar, nem sequer para carga ou descarga.

1 Linha amarela na estrada - Proibido estacionar durante o horário indicado na placa.

1 Linha amarela na esquina do passeio - Pode parar para carga/descarga durante o horário indicado na placa.

3.7 REFLETORES

Os refletores/marcadores (*olhos de gato*), podem encontrar-se junto a linhas brancas. Ao refletir a luz dos faróis facilitam a orientação nas vias quando há pouca visibilidade ou durante a noite, e podem ser:

Vermelhos - marcam o extremo esquerdo da estrada.

Brancos - marcam as vias ou o centro da estrada.

Amarelos - marcam a separação central das autoestradas ou estradas com dupla faixa de rodagem.

Verdes - marcam o limite da faixa de rodagem quando há encostos ou vias de acesso (entradas/saídas).

Refletores **verdes/amarelos** indicam alterações temporárias na disposição das vias (por ex. quando há obras na estrada).

4. CONDUÇÃO CORRETA - REGRAS GERAIS

Sente-se numa posição correta, ajuste o assento e os espelhos e coloque o cinto de segurança.

Antes de arrancar verifique se a via está livre.
Primeiro deve olhar pelos espelhos e depois fazer o sinal (se for necessário). Olhe em redor para se certificar de que a via está livre incluindo por cima do ombro para ver o *ponto cego*.

Depois de arrancar deve manter-se no lado esquerdo da estrada a não ser que haja sinais de trânsito ou marcas na estrada que indiquem o contrário, ou quando for necessário ultrapassar, virar à direita ou passar por veículos estacionados ou peões (pedestres) na via.
Mantenha as duas mãos no volante sempre que seja possível para poder controlar o veículo com segurança.

Nas curvas à direita deve manter-se bem encostado ao lado esquerdo para ter mais visibilidade. NUNCA deve "cortar" as curvas.
Deve reduzir a velocidade antes de entrar nas curvas. Pode ser perigoso travar nas curvas, principalmente quando o piso está escorregadio.

Cuidado com outros utentes da estrada, principalmente os mais vulneráveis (ciclistas, motociclistas e pessoas a cavalo). Se precisar de os ultrapassar, deixe tanto espaço como deixaria ao ultrapassar um carro. NUNCA deve fazer tangentes.

Em descidas longas escolha uma mudança mais baixa para que o motor ajude a segurar o carro, pois se os travões forem usados continuamente durante grandes distâncias, podem aquecer e começar a perder eficácia pouco a pouco.

Nas subidas longas é possível que se demore mais tempo a ultrapassar, principalmente quando se trata de veículos grandes.
Se estiver a ser ultrapassado e o veículo em questão demorar muito a completar a ultrapassagem, diminua um pouco a velocidade para lhe facilitar a manobra.

Observação - De vez em quando olhe pelos espelhos para ter sempre uma ideia do trânsito à sua volta.

Use sempre os espelhos antes de fazer sinal, parar ou mudar de direcção.

Siga sempre a rotina   **Espelhos – Sinal – Manobra**

Quando encontrar carros estacionados ou outros obstáculos no seu lado da estrada, deve dar prioridade aos veículos que vêm em direcção contrária.

Se conduzir veículos lentos, veja se começa a formar-se uma fila atrás de você e de vez em quando (se o puder fazer com segurança) encoste e pare para permitir ultrapassar.

4.1 ULTRAPASSAGENS

❑ NUNCA deve ultrapassar se não tiver a certeza de que pode terminar a manobra com segurança.

❑ Primeiro verifique se a via está livre (espelhos e, se for possível, o ponto cego para ver se ninguém está a ultrapassar), mantenha a distância de segurança correta para poder ver bem a estrada à sua frente, sinalize e depois inicie a manobra.

❑ Efectue a ultrapassagem rapidamente, deixando bastante espaço (não faça tangentes) e volte para o lado esquerdo logo que o possa fazer com segurança, mas sem se meter bruscamente à frente do veículo ultrapassado.

❑ À noite ou quando houver pouca visibilidade, tenha cuidado ao calcular a distância e verifique se leva as luzes correctas ligadas para não perturbar outros condutores.

❑ Verifique se há alguma curva ou depressão na estrada. Em caso de dúvida **não ultrapasse**.

❑ Ultrapasse sempre pela direita a não ser que o veiculo à sua frente esteja a fazer sinal para virar à direita (e haja espaço suficiente no lado esquerdo), ou que a estrada seja de sentido único.

❑ Nunca deve seguir imediatamente atrás de um veículo que inicia uma ultrapassagem, pois se houver perigo ele pode querer desistir da manobra e permanecer atrás do veículo, e à frente do veículo ultrapassado pode haver espaço apenas para um veículo.

NUNCA ultrapasse:

- Se tiver de passar entre autocarros ou elétricos e o passeio quando estiverem numa paragem.

- Quando encontrar o sinal "Proibido Ultrapassar". Espere até encontrar o sinal de "Fim de Proibição".

- Se tiver que pisar linhas brancas contínuas (em caso de linhas duplas, se a contínua estiver do seu lado).

- Se tiver que entrar em vias para autocarros, eléctricos ou bicicletas, durante o horário em que estão em vigor.

- Se tiver de entrar em áreas destinadas à separação de trânsito, delimitadas por uma linha branca contínua.

- Se incomodar outros utentes da estrada (ex. quando estão em fila devido a obstruções ou cruzamentos) ou obrigar os outros a desviar-se ou travar.

- Junto às passagens para peões, porque o veículo à sua frente pode ter parado para deixar atravessar peões.

- Quando se aproxima de passagens de nível, pontes, túneis, curvas, cruzamentos, topo de uma colina, passagens estreitas, *School Crossing Patrol*.

- Quando o veículo que você quer ultrapassar tem o sinal da direita ligado, mesmo que você pense que ele se esqueceu de o desligar.

- Quando um elétrico está na paragem junto ao passeio se não houver linhas indicando claramente a via de ultrapassagem.

- Quando se aproximar de ciclistas junto a rotundas ou cruzamentos onde vai virar à esquerda.

NUNCA deve impedir que outros condutores ultrapassem.
Se levar um reboque, lembre-se que precisa de mais espaço para ultrapassar. O peso extra afectará também a aceleração e a travagem.

4.2 CRUZAMENTOS E ROTUNDAS

CRUZAMENTOS

Nos cruzamentos e entroncamentos deve ter muito cuidado, principalmente com ciclistas, motociclistas e veículos elétricos especiais.

Se vai virar para entrar numa rua, deve dar prioridade aos peões que já estiverem a atravessar essa rua.

Ao sair de uma rua secundária, tenha cuidado com veículos que venham da direita com o pisca ligado. Espere até eles começarem a virar e só depois avance para a rua principal.

Se encontrar um sinal de *stop* lembre-se de que deve parar junto à linha. Avance quando houver um intervalo no trânsito.

Se encontrar o sinal triangular invertido ou o triângulo branco no asfalto, deve dar prioridade aos que transitam na estrada principal.

Para entrar à direita em estradas com dupla faixa de rodagem, veja primeiro se a divisão central é suficientemente larga para proteger o seu veículo, se vier trânsito da esquerda. Deve tratar cada faixa de rodagem como uma estrada independente e esperar na separação central até haver um espaço no trânsito da segunda faixa de rodagem.

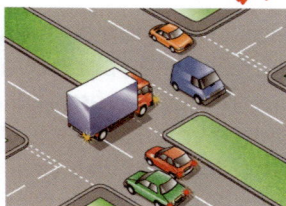

Se a separação central não for suficientemente larga, certifique-se de que não vem trânsito em ambos os sentidos antes de avançar.

Nos cruzamentos controlados por semáforos deve parar junto à linha. Se não houver espaço na estrada para onde vai seguir, não deve avançar mesmo que o semáforo esteja verde. Se o semáforo mudar para amarelo, deve parar. Só pode continuar se já tiver passado a linha branca ou se estiver tão perto que possa causar um acidente se parar.

Se os semáforos estiverem avariados, avance com muito cuidado porque NINGUÉM tem prioridade.

Cuidado com os veículos longos quando viram nos cruzamentos ou entroncamentos, pois podem precisar de usar a estrada toda para virar.

Respeite as marcas na estrada. Se houver marcas para virar à esquerda, ou semáforos com setas para a esquerda (green filter arrow), só deve entrar nessas vias se quiser virar à esquerda. Dê tempo aos outros veículos, principalmente ciclistas, para se colocarem na via correcta.

Em alguns cruzamentos controlados por semáforos existem linhas que marcam um espaço que serve para permitir aos ciclistas partir antes dos outros veículos. Os motoristas DEVEM parar antes da primeira linha.

Nos cruzamentos marcados com quadriculado amarelo (Box Junction) não pode avançar para a área das linhas, mesmo que o sinal esteja verde ou tenha prioridade, se não houver espaço para o veículo depois das linhas. Só podem parar nas linhas os veículos que vão virar à direita e não podem avançar devido ao trânsito em sentido oposto ou devido a veículos que veem em sentido oposto e querem virar à direita (Ver pág. 32).

Virar à direita

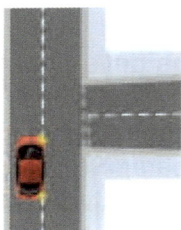

Quando quiser virar à direita deve:
- olhar nos espelhos para verificar a posição dos outros veículos
- fazer o sinal
- posicionar-se junto à linha central da via ou no espaço reservado para quem vai virar à direita.

- se for possível, deixar espaço para o trânsito passar pelo lado esquerdo.

Cuidado com os outros utentes da estrada, principalmente peões, ciclistas e motociclistas.
Verifique de novo os espelhos e o ponto cego para certificar-se de que ninguém está a passar pela sua direita e avance.

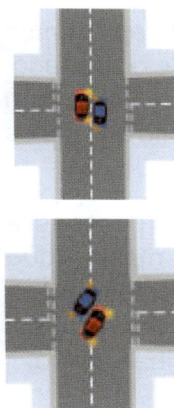

Se quiser virar à direita e vier um veículo em sentido oposto para virar também à direita, tem duas opções:

• Virar por detrás do outro carro (passando ele pelo seu lado direito - em geral esta é a forma mais segura porque nos permite ver os que vêm em sentido contrário), ou

• Virar à frente dele (ele passa pelo seu lado esquerdo).
As marcas na estrada ou a posição do outro veículo podem determinar a melhor opção a tomar.

Virar à esquerda

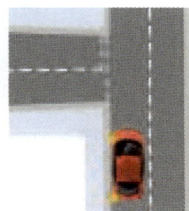

Para virar à esquerda deve:
- olhar nos espelhos e fazer o sinal com bastante antecedência.
- não ultrapassar veículos perto do cruzamento.
- ter muito cuidado com veículos (principalmente ciclistas e motociclistas) que se aproximem pelo seu lado esquerdo quando estiver quase a virar, principalmente se estiver a conduzir um veículo grande.
- manter-se encostado ao lado esquerdo tanto quanto seja possível.
- dar prioridade aos veículos que circulam nas vias de autocarros ou eléctricos independentemente da direção em que viajam.

ROTUNDAS

☐ Ao aproximar-se da rotunda, preste atenção à informação nas placas, nos sinais de trânsito e no piso.

☐ Deve decidir com antecedência qual o caminho a seguir, colocar-se na via correcta e fazer o sinal apropriado. Use a rotina **Espelho - Sinal - Manobra**.

☐ Deve dar sempre prioridade aos veículos que se aproximam pela direita a não ser que haja sinais indicando o contrário. Mesmo que haja sinais que lhe indiquem que tem prioridade, avance com cuidado e sempre atento a veículos que venham pela direita.

☐ Tenha um cuidado especial com ciclistas e pessoas a cavalo (podem manter-se na via esquerda mesmo que não pretendam sair na saída seguinte), veículos longos (podem ocupar várias vias), motociclistas e veículos mal posicionados nas vias, sem sinal ou com o sinal errado.

☐ Cuidado com peões a atravessar a estrada perto da rotunda.

Posicionamento e Sinal

Se desejar seguir pela **primeira saída à esquerda**, coloque-se na via da esquerda com o pisca da esquerda ligado.
Mantenha-se no lado esquerdo da rotunda e continue com o pisca ligado até sair da rotunda (ver carro laranja na gravura seguinte).

Se desejar seguir por **qualquer outra saída que não seja à direita**, não faça nenhum sinal ao aproximar-se da rotunda.
Coloque-se na via da esquerda ou do centro (se a entrada tiver 3 vias), se tiver 2 vias e a da esquerda estiver bloqueada pode colocar-se na via da direita.
Logo que passe a saída anterior àquela por onde deseja seguir, faça o pisca da esquerda (Ver carro azul na gravura seguinte).

Se quiser seguir por **saídas à direita** ou voltar por onde entrou, aproxime-se da rotunda com o pisca da direita ligado.

Coloque-se na via da direita e mantenha-se na direita até precisar de mudar de via para sair da rotunda.

Logo que passe a saída anterior àquela por onde deseja seguir, ligue o pisca da esquerda (ex. carro verde).

Sinalização e posicionamento correto nas rotundas

Nas mini-rotundas (mini-roundabouts) aplicam-se as mesmas regras. Os veículos devem contornar as marcas centrais, exceto os veículos longos que não o podem fazer devido ao seu tamanho.

Recorde que há menos espaço para monobrar e sinalizar.

Evite dar a volta completa (sair por onde entrou) e tenha cuidado com condutores que pretendam fazer isso.

Se houver duas ou mais mini-rotundas consecutivas, proceda como se fossem rotundas separadas.

4.3 PASSADEIRAS (PEDESTRIAN CROSSING)

Não está permitido estacionar nas passagens para peões nem

na área marcada com linhas brancas em ziguezague.

Não deve ultrapassar o veículo mais próximo da passadeira, quer esteja em movimento ou parado para deixar passar os peões.

Quando houver filas de veículos, não avance para a passadeira sem verificar primeiro se tem espaço suficiente para o seu veículo depois das linhas. Essa área deve manter-se SEMPRE livre.

Tenha muito cuidado quando houver carros incorretamente parados ou estacionados junto à passadeira, pois isso pode obrigar os peões a atravessar entre os veículos.

Se houver pessoas junto da passadeira, deve começar a preparar-se para lhe dar prioridade se alguém começar a atravessar a rua.

Não intimide nem apresse as pessoas acelerando o motor ou começando a avançar enquanto estão a atravessar.

Tipos de Passadeiras

Zebra Crossing – Passadeira normal, com riscas brancas e pretas.

Deve parar sempre que um peão comece a atravessar.

Lembre-se de que pode precisar de mais tempo para parar quando houver gelo ou o piso estiver molhado.

Não buzine nem faça sinal com a mão aos peões para atravessarem. Isso pode ser perigoso se vier outro veículo.

Se a passadeira tiver uma ilha no centro, conta como duas passadeiras independentes.

Passadeiras controladas por semáforos:

Pelican crossing – Depois de vermelho passa para amarelo intermitente e deve-se deixar terminar de atravessar os peões que já estavam na passadeira. Se não houver ninguém a atravessar, os condutores devem seguir.

Quando houver uma ilha central e a *pelican crossing* atravessar a estrada em linha recta deve ser considerada como UMA passadeira, e mesmo que as pessoas estejam a atravessar na outra metade, os condutores devem esperar até que eles terminem de atravessar a estrada.

Mesmo que o sinal mude para verde, ESPERE sempre até terminarem de atravessar todos os peões que já estiverem na passadeira. Isto aplica-se a todas as passadeiras.

Toucan, Puffin, Equestrian crossing – Passadeiras também controladas por semáforos, mas sem amarelo intermitente.

O semáforo muda normalmente (de vermelho para vermelho e amarelo simultaneamente, e depois verde). Para além de ciclistas, nas Toucan Crossing podem também passar ciclistas e nas Equestrian Crosssing pessoas a cavalo.

Em certos locais, geralmente perto de escolas, pode encontrar "*school Crossing Patrol*". Estas pessoas podem mandar parar o trânsito (com um sinal de Stop) para que as crianças possam atravessar a estrada.

4.4 MARCHA-ATRÁS

Escolha um lugar adequado para fazer a manobra com segurança.

NUNCA deve recuar de uma rua secundária/lateral para uma rua/estrada principal ou com muito trânsito.

Quando quiser entrar ou sair de uma garagem ou propriedade, é preferível entrar de marcha-atrás para poder sair andando para a frente.

Deve evitar inverter o sentido de marcha em ruas principais. É aconselhável entrar numa rua lateral pouco movimentada e virar, ou então dar a volta ao quarteirão (Br. quadra).

Só deve fazer marcha-atrás se for mesmo necessário e durante a menor distância possível.

Antes de começar a recuar deve olhar bem em redor, usando os espelhos e verificando o *ponto cego* e depois recue devagar, olhando principalmente pelo vidro traseiro. Tenha muito cuidado principalmente com ciclistas e peões, especialmente crianças.

Se por algum motivo não tiver boa visibilidade, não arrisque. Peça a alguém para o orientar.

Lembre-se que ao virar, enquanto recua, a frente do carro vai obstruir uma parte considerável da via.

4.5 ESTACIONAMENTO

Deve estacionar bem junto ao passeio de forma a não obstruir a via, ou se for possível, em espaços marcados e reservados para esse fim, de preferência fora da estrada. Se precisar de parar ou estacionar na via, nunca estacione à contramão.

Deve aplicar o travão de mão, desligar o motor e as luzes, incluindo os faróis de nevoeiro.

Antes de abrir a porta é importante certificar-se de que não vem ninguém.

A forma mais segura de saírem os passageiros é pelo lado do passeio, sempre que isso seja possível, principalmente quando se trata de crianças. Se o veículo à sua frente tiver o cartão azul, deixe espaço suficiente entre os dois carros para passar uma cadeira de rodas.

Não deixe coisas valiosas à vista e tranque as portas.

Não deve parar nem estacionar:

o Nas linhas em ziguezague junto às escolas ou junto às passadeiras (ou em cima das passadeiras), nem sequer para carga ou descarga.

o Se houver uma linha amarela, durante o horário indicado na placa. Nas linhas amarelas duplas não pode estacionar nunca, mesmo que não haja placas ou sinais.

o Em lugares onde estão em vigor restrições por ex. vias para ciclistas, autocarros, eléctricos e quando houver linhas vermelhas na beira da estrada (ver sinais e placas junto à estrada).

o Em pistas reservadas para ciclistas.

o Na autoestrada, exceto em caso de avaria ou emergência.

o Nas áreas para escoamento de trânsito (Clearways). Em *Urban Clearways* com linha descontínua no seu lado da estrada e placa com horário, pode parar durante as horas indicadas para saírem ou entrarem passageiros.

o Em estradas com linhas brancas duplas no centro, exceto para saírem ou entrarem passageiros.

o Em lugares de estacionamento reservado para certos utentes (ex. portadores de Cartão Azul – Blue Badge, motos ou residentes), segundo esteja indicado nas placas, se não pertencer a uma dessas categorias.

o Em cima do passeio, a menos que haja sinais indicando que está permitido.

o Em lugares onde o passeio foi nivelado com a estrada para facilitar o acesso a cadeiras de rodas.

o Em paragens de autocarros, elétricos ou praças/postos de táxis (Taxi Ranks).

o Em frente às ilhas que existem no centro da estrada.

o Nas entradas de propriedades ou garagens.

o   A menos de 10 metros de um cruzamento (exceto em lugares devidamente reservados para estacionamento).

o   Nas curvas, pontes, túneis ou na parte superior/cume de uma elevação ou montanha.

o   Em lugares onde possa obrigar outros veículos a entrar numa via para elétricos.

Não estacione o veículo ou reboque de forma a causar obstruções ou inconveniências a outros utentes da estrada. Estacionar no passeio, mesmo que apenas parcialmente, pode causar inconveniências graves a pessoas com deficiências visuais, com carrinhos de bebé ou cadeiras de rodas.

Zonas de Estacionamento Controlado

As placas na entrada dessas zonas indicam o horário das restrições no estacionamento. Pode haver lugares sinalizados, onde o estacionamento é permitido dentro do horário em que vigoram as restrições.

Veículos de transporte de mercadorias (pesados)

Os veículos com peso bruto total superior a 7,5 t. (incluindo o reboque) NÃO PODEM estacionar na beira da estrada, no passeio nem em qualquer terreno que separe faixas de rodagem sem autorização da polícia, exceto para carga e descarga e nesse caso o condutor deve permanecer sempre junto do veículo.

Durante a noite

NUNCA deve estacionar virado em sentido contrário ao do trânsito, exceto em lugares reservados para estacionamento.

É obrigatório ter a luz de estacionamento ligada quando estiver estacionado na faixa de rodagem ou no encosto de uma estrada onde a velocidade máxima permitida é superior a 30 mph (48 km/h).

Automóveis, veículos de mercadorias com peso inferior a 1525 kg (sem carga), veículos para deficientes, motos e bicicletas, podem estacionar sem luz numa estrada (ou encosto) onde a velocidade máxima não seja superior a

30 mph (48 km/h) se estiverem:
- a mais de 10 m de um cruzamento, junto ao passeio e na mesma direção do trânsito, ou
- num espaço reservado para estacionamento.

Outros veículos e reboques, e todos os veículos com carga a sobressair da carroçaria, não podem permanecer estacionados à noite na faixa de rodagem sem luzes.

Quando houver nevoeiro não deve estacionar na estrada a menos que seja absolutamente necessário, e nesse caso deixe a luz de estacionamento ou as luzes de presença ligadas.

Nas encostas deve estacionar bem perto do passeio e aplicar o travão de mão com firmeza.
- Se estiver a subir deve deixar as rodas viradas para o centro da estrada e a alavanca das velocidades em primeira.
- Se estiver a descer deve virar as rodas para o passeio e meter marcha-atrás.
- Se o carro for automático deve deixar em "Park".

4.6 UTENTES MAIS VULNERÁVEIS

Durante a condução deve ter um cuidado especial com certos utentes da estrada; **Peões** (principalmente crianças, pessoas idosas ou com deficiências), **Ciclistas**, **Pessoas a cavalo**, **Motociclistas** e **Motoristas** com pouca prática.

Peões/Pedestres

Existe o perigo de os peões, principalmente crianças, virem subitamente para a estrada. Pense sempre nas crianças e mantenha uma velocidade que ofereça segurança.

Conduza devagar e com muito cuidado:
- em ruas comerciais muito movimentadas
- em zonas residenciais.
- perto de escolas ou de carros que vendem gelados.
- perto de paragens de autocarros, eléctricos ou transportes escolares parados.
- perto de trabalhos de construção.

- ao fazer marcha-atrás.
- se tiver que usar o passeio para entrar numa propriedade privada.
- nos cruzamentos (dê prioridade aos peões que estiverem a atravessar a rua para onde vai virar).
- nas estradas rurais, porque pode haver pessoas na estrada por não haver passeio.

Deve recordar que tanto as crianças como as pessoas idosas podem não calcular bem a velocidade dos veículos.

As crianças são difíceis de ver. Se não tiver a certeza se a área atrás do carro está livre, saia para verificar antes de fazer marcha-atrás.

Os utentes idosos ou com deficiências podem demorar mais tempo a atravessar a estrada. Pare e dê-lhes tempo suficiente para atravessar. Não acelere o motor nem tente intimidá-los avançando pouco a pouco (mesmo que o semáforo esteja verde). Seja paciente e educado.

Se os peões forem deficientes (com bengala branca – cego, com bengala branca e risca cor de laranja – cego e surdo) podem não aperceber-se da sua presença.

É importante recordar que quando um carro atropela uma pessoa a 40 mph (64 km/h), geralmente essa pessoa morre. Mas se o carro viajar a 20 mph (32 km/h), apenas 1 em cada 20 atropelamentos resulta na morte da pessoa.
Quando a *school crossing patrol* mandar parar, deve obedecer.

Ciclistas e motociclistas

Podem representar perigo nos cruzamentos e rotundas (são menos visíveis), quando há filas de trânsito (ultrapassam entre as filas de trânsito e metem-se à frente dos carros), em estradas com piso irregular ou com buracos (podem querer desviar-se) e quando há ventos fortes (o vento pode fazê-los ondular).
Quando quiser ultrapassar ciclistas ou motociclistas deve deixar tanto espaço como se estivesse a ultrapassar um carro.

Se olharem por cima do ombro, significa provavelmente que vão arrancar ou mudar de direção. Dê-lhes tempo e espaço para o fazerem com segurança.

Animais, pessoas a cavalo e veículos de tração animal
Passe devagar e com muito cuidado. Não buzine nem acelere o motor. Os animais podem ser imprevisíveis. Se houver animais a bloquear a estrada, pare e desligue o motor até saírem da estrada.

4.7 OUTROS TIPOS DE VEÍCULOS

Veículos de emergência (com luz intermitente):
Preste atenção às luzes ou sirenes de ambulâncias, bombeiros, polícia, médicos e outros veículos de emergência com luzes intermitentes **azuis**, **vermelhas** ou **verdes**, e também agentes de trânsito das autoestradas (Highways Agency Traffic Officer) e veículos de apoio em caso de incidente (Incidente Suport Vehicle) com luz intermitente **amarela**.
Estes veículos podem também ligar os faróis de forma intermitente.

Quando se aproximar um destes veículos, não entre em pânico;
• Veja bem por onde ele pretende passar e facilite-lhe a passagem.
• Se for preciso desvie-se e reduza a velocidade ou pare, mas obedeça sempre aos sinais de trânsito.
• Evite parar junto do topo de uma colina, nas curvas ou em passagens estreitas.
• Evite travar bruscamente junto a rotundas ou cruzamentos.
• Não corra riscos nem ponha em perigo outros utentes da estrada.
• Cuidado com os peões. Evite subir o passeio.

Veículos elétricos para portadores de deficiências - Por vezes pode encontrar veículos elétricos usados geralmente por idosos ou portadores de deficiências, circulando pela via.

Estes veículos atingem uma velocidade máxima de 8 mph (12 km/h). Nas estradas com dupla faixa de rodagem, se a velocidade máxima permitida for superior a 50 mph (80 km/h), estes veículos DEVEM usar uma luz intermitente amarela.

Veículos longos – podem precisar de mais espaço nas rotundas e nos cruzamentos. Devemos estar preparados para parar e esperar se isso for necessário para eles efectuarem manobras.

Se for demasiado próximo da traseira de um autocarro ou camião o seu campo de visão ficará muito reduzido e é possível que o condutor não o veja nos espelhos.

Veículos elétricos – os veículos elétricos (elétrico/tram ou carros de distribuição de leite) são mais silenciosos e portanto mais difíceis de detetar. Os elétricos/trams não podem desviar-se dos carros.

Autocarros – devemos dar-lhe prioridade se o pudermos fazer com segurança. Cuidado quando estiverem nas paragens, porque podem arrancar a qualquer momento e pode haver peões perto, tentando atravessar a estrada.

Veículos com luz rotativa/intermitente amarela – Geralmente andam muito lentamente ou estão parados (Traffic Officer, gruas, manutenção, etc.), ou podem levar cargas muito volumosas, por isso vá com cuidado.

Nas estradas com dupla faixa de rodagem sem restrições na velocidade, os veículos com velocidade máxima não superior a 25 mph (40 km/h) matriculados após 1 de Janeiro 1947, devem usar sempre uma luz rotativa/intermitente amarela.

4.8 AVARIAS E ACIDENTES

AVARIAS

Se o seu veículo avariar na estrada, pense nos outros utentes da estrada.

Se puder, retire o veículo da faixa de rodagem e ligue os 4 piscas se estiver a obstruir a via.

Use colete fluorescente para ser visto mais facilmente pelos outros condutores.

Coloque o triângulo a pelo menos 45 m do veículo, no mesmo lado da estrada. Nunca use o triângulo nas autoestradas.

Se houver pouca visibilidade, mantenha as luzes de presença ligadas. Não se coloque de forma a impedir que as luzes sejam vistas pelos outros condutores.

Não permaneça, nem deixe que ninguém permaneça entre o veículo e o trânsito que vem em sentido contrário.

ACIDENTES

Se notar a presença de veículos de emergência ou veículos de apoio mais à frente, pense na possibilidade de ter havido um acidente na via. Continue com muito cuidado e esteja preparado para parar, pois pode haver agentes da polícia ou da Highways Agency na via.

Ao passar no lugar do acidente não deve reduzir a velocidade desnecessariamente. Se não houver perigo deve continuar para não causar perigo nem congestionamento.

Se tiver um acidente e causar ferimentos ou estragos (a pessoas, animais, veículos ou propriedades) DEVE parar, dar o seu nome, endereço e matrícula do veículo, ou se o veículo não for seu, deve dar também o nome e endereço do proprietário às pessoas que tenham motivos para os requerer. Se não der o seu nome e endereço no momento do acidente deve informar a polícia o mais rápido possível (num prazo máximo de 24 horas).

Se houver feridos e você não apresentar o certificado do seguro ao agente da polícia ou a pessoas com motivos para o exigir, DEVE informar a policia o mais rápido possível (num prazo máximo de 24 horas) e apresentar o respectivo certificado na polícia num prazo de 7 dias.

Quando estiver envolvido num acidente DEVE parar e se for preciso deve prestar ajuda.

Se for necessário deve:

✓ Avisar os outros utentes da estrada ligando os 4 piscas durante breves instantes.

✓ Evitar a todo o custo correr riscos.

✓ Desligar os motores dos veículos envolvidos e não fumar no local.

✓ Verificar se algum dos veículos envolvidos no acidente leva sinais indicando que a carga que levam representa perigo. Se houver material inflamável não deve usar o telemóvel perto.

✓ Chamar os serviços de emergência e indicar-lhes com o máximo de precisão o local do acidente. Nas autoestradas é mais fácil para os serviços de emergência localizá-lo se usar os telefones de emergência. Se usar o telemóvel, verifique a sua localização através dos marcos que há na beira da estrada.

✓ As pessoas que não estão feridas devem sair do local do acidente e afastar-se da estrada.

✓ Não retirar os feridos dos veículos a não ser que haja perigo de incêndio ou explosão.

✓ Não tirar o capacete aos motociclistas se não for essencial.

✓ Prestar os primeiros socorros aos feridos seguindo a regra **ABC** (**A**irway, **B**reathing, **C**irculation - Vias respiratórias, respiração e circulação). Verificar se há obstruções nas vias respiratórias e desobstruí-las. Se o ferido não começar a respirar deve inclinar a cabeça para trás, apertar o nariz e soprar na boca até ver subir o peito, depois parar e repetir a intervalos de 4 segundos até o ferido ser capaz de respirar sozinho. Verificar a pulsação e impedir a perda de sangue para manter a circulação. Se o ferido estiver a perder sangue deve aplicar pressão constante na ferida para parar a hemorragia. Se a hemorragia ocorrer numa perna ou braço que não esteja partido, deve levantá-lo para diminuir a perda de sangue. Em caso de queimaduras, deve usar água limpa e fria (ou outro líquido não tóxico) para diminuir a temperatura, durante pelo menos 10 minutos.

✓ Não abandonar o local do acidente enquanto não chegarem os serviços de emergência.

Tenha sempre no veículo uma caixa de primeiros-socorros (First Aid Kit). Pode salvar vidas se fizer um curso de primeiros socorros com entidades oficiais como a Cruz Vermelha (Red Cross), Ambulance Service, St. John Ambulance Association, St. Andrew Ambulance Association, etc.

4.9 OUTROS PERIGOS

Trabalhos na estrada – obedeça sempre aos sinais (atenção aos sinais temporários) e aos limites de velocidade impostos. Não mude de via se não for necessário. Pense na sua segurança e na dos trabalhadores.

Recorde que os ciclistas e motociclistas podem escorregar ou ter de se desviar de terra ou pedras na via.

Se houver vias interditas e tiverem de se juntar numa só via, devem passar alternadamente, um de cada via.

Nunca entre nas áreas separadas por cones.

Nas estradas onde se circula a grandes velocidades tenha mais cuidado, porque pode haver vias cortadas ao trânsito e pode encontrar veículos lentos com uma seta indicando para a esquerda ou para a direita. Pode também haver limites temporários de velocidade.

Contraflow System - as vias podem tornar-se mais estreitas ou por vezes circula-se pela berma (cuidado porque pode haver veículos avariados à frente), ou usando uma via da outra faixa de rodagem (neste caso não haverá barreira separando o trânsito que circula em sentido oposto). Use os espelhos e mantenha uma boa distância de segurança.

Passagens de nível – devemos ter um cuidado muito especial em cruzamentos com linha férrea (comboio/trem ou elétrico). NUNCA se deve parar na linha. Se houver filas de trânsito devemos esperar e avançar somente quando houver espaço suficiente depois da linha.

Se não houver barreiras ou sinais devemos avançar com cuidado, pois pode vir um comboio em qualquer momento.

Se houver barreiras ou sinais, devemos obedecer sempre.

Se o sinal estiver vermelho ou as barreiras fechadas devemos parar antes da linha e esperar mesmo que já tenha passado um comboio, pois pode passar outro a qualquer momento.

Se acender a luz amarela depois de termos passado a linha branca, deve continuar e atravessar para o outro lado.

Se o seu veículo avariar ou tiver um acidente na linha, deve:

✓ Mandar sair todos os ocupantes do veículo e afastar-se da linha.

✓ Usar o telefone que geralmente está colocado junto da linha para avisar o operador dos sinais.

✓ Seguir as indicações do operador dos sinais.

✓ Tente empurrar o carro para fora da linha se houver tempo, mas se a campainha começar a tocar ou se a luz amarela acender, afaste-se da passagem de nível imediatamente.

Cuidado com os cabos elétricos que pode haver por cima da linha. Certifique-se de que o veículo não excede a altura permitida. Não continue se o veículo tocar nas barreiras

 ou chocalhos que estão por cima da via. Normalmente a altura permitida é 5 m.

Os veículos muito pesados e compridos, muito lentos ou muito baixos, que corram o risco de "encalhar", ou pessoas com rebanhos, devem usar o telefone da linha para pedir autorização para cruzar, pois pode aparecer um comboio/trem antes de terminarem de cruzar. Deve usar de novo o telefone para informar que terminou de cruzar se isso lhe for pedido.

Linhas de Elétricos (Tramways)

Não deve entrar em vias ou ruas reservadas para elétricos.Tenha muito cuidado quando os elétricos passam na estrada. Evite andar diretamente em cima da linha. Principalmente os ciclistas e motociclistas devem ter um cuidado especial e atravessar os carris sempre em ângulo reto.

Normalmente há linhas brancas, pontos amarelos ou piso diferente a indicar a largura total das carruagens. Certifique-se de que o seu veículo não ocupa essa área.

Não estacione o seu veículo num local onde obstrua a passagem do elétrico ou obrigue outros veículos a obstrui-la.

Deve dar SEMPRE a prioridade aos elétricos, principalmente quando estão a fazer sinal para sair da paragem.

Cuidado com os peões, principalmente crianças, que podem correr para a paragem do elétrico.

4.10 CONDUÇÃO NA AUTOESTRADA

Devido às altas velocidade que se praticam nas autoestradas, deve inspeccionar bem o veículo antes de iniciar a viagem, pois o risco de avaria aumenta quando se conduz continuamente a altas velocidades.

Ao entrar numa autoestrada deve dar sempre prioridade aos veículos que nela circulam e nunca deve pisar linhas contínuas que separem as vias.

Todos os veículos devem usar a via da esquerda para circular normalmente e as vias do centro e da direita apenas para ultrapassar. Respeite as distâncias de segurança.

Os veículos com reboque e os pesados de mercadorias (mais de 3,5 t) ou de passageiros não podem usar a via da direita, a não ser que haja apenas duas vias abertas ao trânsito.

Deve olhar bem pelos espelhos e verificar o ponto cego antes de iniciar ultrapassagens. Nunca deve ultrapassar pela esquerda.

Não é permitido usar a berma como via de circulação, a menos que isso seja ordenado pela polícia, por um agente da *H.A.* (Highways agency) em uniforme, ou através de sinalização.

Se por acaso cair algum artigo do veículo, nunca deve tentar retirá-lo da estrada mas sim parar junto a um telefone de emergência e informar as autoridades.

Os sinais de mensagens variáveis da autoestrada, em geral alertam para perigos que podem surgir mais à frente (nevoeiro, acidentes, etc). Estes sinais podem encontrar-se na separação central (aplicam-se a todas as vias) ou por cima das vias.

Luzes amarelas intermitentes avisam que há perigo mais à frente e podem aparecer juntamente com limites provisórios de velocidade.

Luzes vermelhas com um "X" por cima das vias indicam que é proibido continuar nessas vias. Se houver sinais por cima de todas as vias ou na separação central (ou na margem esquerda) da autoestrada significa que não se pode passar desse ponto em qualquer via.

Cuidado com a monotonia! Se sentir sono ou cansaço deve continuar até à estação de serviço seguinte ou sair da autoestrada e procurar um lugar seguro para descansar.

Antes de chegar à saída da autoestrada, os veículos devem colocar-se na via da esquerda com bastante antecedência.

Ao sair da autoestrada é preciso ter muito cuidado com a velocidade. Por vezes as estradas de ligação têm curvas muito fechadas e depois de conduzir na autoestrada a velocidade pode parecer inferior à velocidade real.
Devemos prestar atenção ao velocímetro e não ultrapassar a velocidade indicada nos sinais.

NUNCA se pode fazer marcha-atrás nem inverter o sentido de marcha nas autoestradas.
Em caso de engano, deve continuar até à saída seguinte.

Não podem andar na autoestrada:

- Peões (pedestres)
- Ciclistas
- Condutores que tenham apenas a "Provisional Licence"
- Motos com menos de 50cc
- Pessoas a cavalo
- Veículos agrícolas, muito lentos ou que transportem cargas de tamanho excepcionalmente grande (exceto com autorização especial).

Emergência ou avaria na autoestrada

Pare na berma e vire o volante para o lado esquerdo. Se não puder chegar à berma, ligue os 4 piscas e saia do carro logo que veja que pode sair da faixa de rodagem com segurança. Nunca deve usar o triângulo na autoestrada.

Os ocupantes do veículo devem sair para fora da estrada. Os animais devem permanecer fechados dentro do veículo.

Deve pedir ajuda através dos telefones de emergência, que estão directamente ligados à polícia ou à *Highways Agency.*

Os motoristas vulneráveis (ex. mulheres sozinhas, pessoas com deficiências, etc.) devem informar imediatamente sobre a sua situação. Se achar que corre perigo devido à presença de algum indivíduo, deve refugiar-se no carro e trancar as portas. Quando passar o perigo deve sair de novo para fora da estrada.

Se não houver nenhum telefone à vista, deve caminhar na direcção indicada nos marcos que há na beira da estrada.

Os condutores portadores de deficiências que não possam seguir as recomendações anteriores, devem manter-se dentro do veículo, ligar os 4 piscas e exibir um cartaz com a palavra HELP ou, se tiverem telemóvel, ligar para os serviços de emergência.

Depois de uma avaria ou emergência, se estiver na berma e quiser entrar de novo na autoestrada, deve atingir uma velocidade razoável na berma antes de passar para a via da esquerda.

É muito importante ter algumas lições na autoestrada com um instrutor depois de passar o exame de condução (ver Passplus).

Na autoestrada não pode parar para atender o telemóvel nem para descansar.

5. DOCUMENTOS E PENALIZAÇÕES

MOTO

Se tivera "Provisional motorcycle Licence" tem obrigatoriamente de fazer o CBT (Compulsory Basic Training). Depois poderá andar na via pública com as placas "L" durante dois anos. Para obter a carta de condução de moto (Full Motorcycle Licence) terá de passar um exame teórico e um prático.

Se possui a carta de condução de carro (full car licence) pode conduzir motos até 125 cc e 11 kW de potência, mas deve usar as placas "L" e fazer o CBT.

Se estiver habilitado para conduzir *moped* e quiser obter a *Full Motorcycle Licence* deverá fazer um teste teórico para moto se não o fez separadamente quando obteve a licença de *moped* e um exame prático de moto. Deverá fazer o CBT se não o fez quando obteve a licença, ou se o fez antes de 1/12/1990.

Light motorcycle licence (A1): se fizer o exame prático numa moto com cilindrada entre 75 e 125 cc, pode conduzir motos até 125 cc e 11kW de potência.

Standard motorcycle licence (A): se fizer o exame numa moto entre 120 e 125 cc capaz de atingir mais de 100 km/h receberá a categoria A, mas durante dois anos não pode conduzir motos com mais de 25 kW de potência.

Acesso rápido ou direto: permite ao condutor de moto com mais de 21 anos conduzir mais cedo motos mais potentes. Para obter uma licença para esse fim deve completar um curso CBT, passar o exame teórico, se for aplicável, e passar o exame prático numa moto com pelo menos 35 kW de potência.

Para praticar pode conduzir motos mais potentes com as placas "L" e acompanhado por um instrutor profissional noutra moto mantendo-se em contato via rádio.

Não pode levar passageiro nem reboques antes de passar o exame.

MOPED

A *moped* tem um motor com cilindrada não superior a 50 cc e peso não superior a 250 kg, com uma velocidade máxima de 31 mph (50 km/h), ou 28 mph (45 km/h) se fabricadas após Junho 2003 para a Europa.

Para conduzir *moped* deve ter mais de 16 anos de idade, ter a *"Provisional moped licence"* e fazer o CBT.

Para obter a *"Full moped licence"* terá de passar o teste teórico e o teste prático de moped. Só poderá andar na estrada depois de fazer o CBT, mesmo que já tenha passado os dois exames.

CARRO

Se tiver a carta de condução de um país da U.E. pode usá-la no Reino Unido enquanto estiver válida.

Se tiver a carta de condução de um país que não pertence à União Européia e residir agora no Reino Unido, pode conduzir com essa carta por um período máximo de 12 meses a contar da data em que começou a residir neste país.

Antes de terminar o prazo de 12 meses deve obter a *Provisional Licence* britânica e passar os exames (teórico e prático) para poder continuar a conduzir sem interrupção.

Seguro (Insurance) - Para conduzir qualquer veículo na via pública, é necessário que esse veículo tenha um seguro que o abranja a você ou que o seu seguro o cubra para conduzir esse veículo. O seguro mínimo obrigatório é *Contra Terceiros / Third Party* (cobre os danos e prejuízos que causa a outros). Se estiver envolvido num acidente, mesmo que não tenha sido culpa sua, pode ser considerado culpado perante as companhias de seguros.

Os veículos sem seguro podem ser detetados automaticamente na estrada através de câmaras. Para além do castigo/sentença, o veículo pode ser apreendido pela polícia e destruido.

MOT – Todos os veículos com mais de três anos precisam de um comprovante de inspecção (MOT certificate) válido. Este documento é válido por um ano. Se conduzir depois de passado o prazo de validade pode invalidar o seguro, exceto quando se vai fazer a inspecção ou quando se vai a caminho de uma oficina para fazer reparações necessárias para passar a inspecção.

Se não tiver consigo os documentos acima indicados (carta de condução, seguro e MOT) quando a polícia pedir, tem um prazo de 7 dias para os apresentar numa esquadra da polícia.

Certificado de Registo (Vehicle Registration Document) – Todos os veículos a motor que circulam nas vias públicas devem possuir o certificado de registo, onde consta o nome e morada do dono, cilindrada, marca e modelo, etc. A DVLA (Driver and Vehicle Licencing Agency) deve ser avisada imediatamente após a venda ou compra de qualquer veículo, ou quando o proprietário muda de nome ou endereço.

Selo do Imposto (Tax Disc ou VED - Vehicle Excise Duty) – Todos os veículos que estejam na via pública devem ter bem à vista no pára-brisas o selo do imposto da estrada.

SORN (Statutory Off-Road Notification) - Notificação feita à DVLA para informar que o veículo não vai ser usado na via pública. Se é proprietário de um veículo que não está a ser usado na via pública e não pretende pagar o imposto da estrada, é obrigado por lei a fazer a notificação SORN. Deve fazê-la de novo 12 meses depois se não pretender usar o veículo na via pública. Se vender o veículo a SORN termina e o novo dono deve fazer uma nova notificação.

Para aprender a conduzir é preciso ter uma **"Provisional Diving Licence"** válida e estar acompanhado por alguém que tenha mais de 21 anos de idade e tenha a carta de condução britânica, ou de um país da UE, há mais de 3 anos.

O veículo usado para praticar deve ter as placas "L" à frente e atrás de forma bem visível para os outros condutores. As placas "L" devem ser retiradas quando o veículo não é conduzido pela pessoa que está a aprender.

Para poder conduzir sozinho, tem de passar o exame teórico (dependendo da categoria) e depois um exame prático para o tipo de veículo que conduzir.

Penalizações - Pontos

O sistema de pontos foi introduzido para penalizar os condutores que pratiquem uma condução perigosa, mas podem também receber pontos os condutores que se recusem a retificar defeitos no veículo.

A acumulação de pontos pode levar à suspensão da carta por um determinado período de tempo.

Se um condutor acumular 12 pontos num período de 3 anos fica automaticamente proibido de conduzir por um mínimo de 6 meses (se for a primeira vez). Se for reincidente esse período pode aumentar.

Cada vez que o tribunal penaliza com pontos, tem o poder de suspender a carta por algum tempo, geralmente entre uma semana e alguns meses, dependendo da gravidade da infração.

O tribunal é obrigado a suspender a carta por um período mínimo de 12 meses sempre que a infração inclua condução perigosa ou sob a influência de álcool.

Mas se o condutor voltar a cometer a infração de conduzir sob a influência de álcool num prazo de 10 anos ficará sem poder conduzir por um período mínimo de 3 anos.

No caso de infrações muito graves, para além de suspender a carta de condução durante um determinado período de tempo, o tribunal pode exigir que o condutor volte a fazer os exames.

Os novos condutores perdem a carta de condução se acumularem 6 ou mais pontos durante os primeiros 2 anos a contar da data em que passam o exame prático (incluindo pontos que tenham antes de passar o exame). Isto aplica-se também aos condutores que obtiveram a carta de condução em países da UE.

Para voltar a conduzir devem iniciar de novo todo o processo, começando por preencher o formulário para obtenção da "Provisional Licence".

Se uma infração por punível com pena de prisão, o veículo pode ser confiscado.

Para além do castigo imposto pelo tribunal, é provável que o seguro fique bem mais caro para quem tem pontos, principalmente após infrações graves.

6. SINALIZAÇÃO

É importante:

- Prestar atenção aos sinais feitos por outros condutores ou autoridades que regulam o trânsito, incluindo "School Crossing Patrol".

- Se a policia quiser mandar parar, em primeiro lugar chama a atenção com sinais de luzes ou com a luz azul, (ou talvez com a sirene ou buzina) e depois indica com a mão ou com o pisca esquerdo para encostarmos. Devemos parar quando o pudermos fazer com segurança e depois desligar o motor.

- Obedecer a todos os sinais de trânsito, semáforos e marcas na estrada.

Indicar aos outros utentes da estrada (peões, ciclistas, motociclistas, etc.) as nossas intenções:

- Sinalizar com a devida antecedência qualquer manobra, paragem, arranque ou mudança de direção.

- Se achar que os sinais feitos (piscas, buzina, luzes dos travões e faróis) não são suficientemente claros ou visíveis por algum motivo (por ex. sol muito forte), deve fazer também o respectivo sinal com a mão (ver fig. seguinte).

- Buzinar ou fazer sinal de luzes, somente para avisar os outros condutores da nossa presença.

SINAIS DOS CONDUTORES

VIRAR À ESQUERDA

VIRAR À DIREITA

REDUZIR A VELOCIDADE OU PARAR

SINAIS DOS AGENTES DE TRÂNSITO/POLÍCIA

PARAR

DA FRENTE | DA FRENTE E DE TRÁS | DE TRÁS

AVANÇAR

DO LADO | DA FRENTE | DA RETAGUARDA

SINAIS DE CONDUTORES PARA AGENTES DE TRÂNSITO/POLÍCIA

VOU SEGUIR EM FRENTE | VOU VIRAR À ESQUERDA | VOU VIRAR À DIREITA

SINAIS DE *SCHOOL CROSSING PATROL*

Não há peões para atravessar | Peões, esperem para atravessar | Peões preparados para atravessar. Veículos preparem-se para parar. | Parar todos os veículos

SEMÁFOROS

Pare e espere antes da linha branca

Pare. Espere até acender a luz verde

Avance se a via estiver livre. Cuidado se vai virar à esquerda ou direita, deve dar prioridade aos peões que estiverem a atravessar.

Pare e espere antes da linha branca. Só pode continuar se já tiver passado a linha branca, ou se estiver tão perto que a travagem possa causar um acidente.

Alguns semáforos podem incluir uma seta verde para a direita ou esquerda, indicando que pode seguir nessa direção possivelmente antes ou depois de o semáforo ficar verde. Se a via estiver livre, avance quando a seta verde acender (mesmo que o semáforo esteja vermelho), mas somente na direção indicada. Pode haver também sinais brancos para elétricos.

Luzes vermelhas intermitentes: PARE
Podem encontrar-se em passagens de nível, pontes levadiças, aeródromos, quartel de bombeiros, etc.

SINAIS LUMINOSOS NA AUTOESTRADA

Proibido continuar nessa via

Passe para a via à sua esquerda

Nevoeiro mais à frente

Via cortada mais à frente

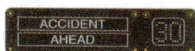

Mensagem informativa e vel. máx. temporária recomendada

Saia da autoestrada na saída seguinte

Vel. Máx. temporária recomendada

Fim de restrição

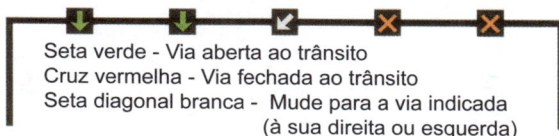

Seta verde - Via aberta ao trânsito
Cruz vermelha - Via fechada ao trânsito
Seta diagonal branca - Mude para a via indicada
(à sua direita ou esquerda)

SINAIS AZUIS - INDICAÇÕES

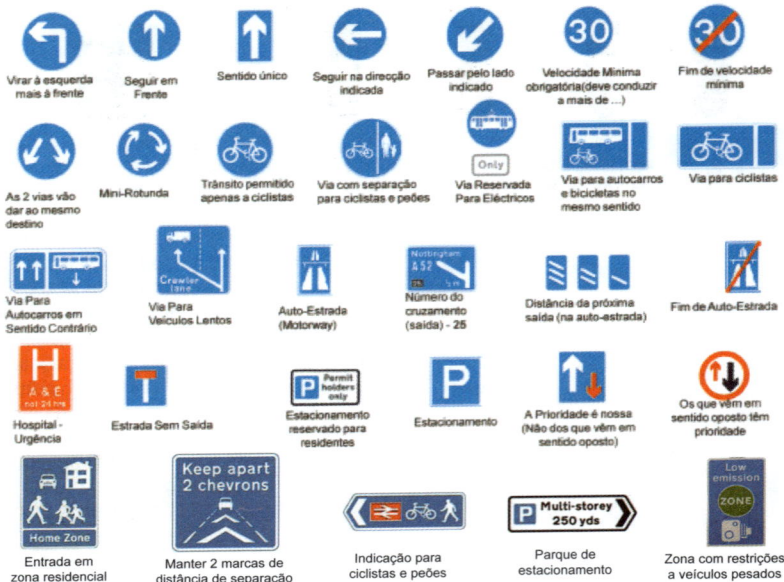

Virar à esquerda mais à frente	Seguir em Frente	Sentido único
Seguir na direcção indicada	Passar pelo lado indicado	Velocidade Mínima obrigatória(deve conduzir a mais de ...)
Fim de velocidade mínima	As 2 vias vão dar ao mesmo destino	Mini-Rotunda
Trânsito permitido apenas a ciclistas	Via com separação para ciclistas e peões	Via Reservada Para Eléctricos
Via para autocarros e bicicletas no mesmo sentido	Via para ciclistas	Via Para Autocarros em Sentido Contrário
Via Para Veículos Lentos	Auto-Estrada (Motorway)	Número do cruzamento (saída) - 25
Distância da próxima saída (na auto-estrada)	Fim de Auto-Estrada	Hospital - Urgência
Estrada Sem Saída	Estacionamento reservado para residentes	Estacionamento
A Prioridade é nossa (Não dos que vêm em sentido oposto)	Os que vêm em sentido oposto têm prioridade	Entrada em zona residencial
Manter 2 marcas de distância de separação	Indicação para ciclistas e peões	Parque de estacionamento
Zona com restrições a veículos pesados		

SINAIS TRIANGULARES - AVISO DE PERIGO

Dar Prioridade	Estrada Inundada	Pedra Solta (Gravilha)
Ventos Laterais	Piso Escorregadio	Trabalhos na Estrada
Cabos eléctricos por cima da via	Passagem de Nível sem barreiras	Passagem de Nível com Barreiras
Altura máxima (em túneis ou pontes)	Cais ou Margem de Rio	Lombas
Cruzamento	Cruzamento desigual	Outros Perigos (ver Placa)
Fim de Estrada com Dupla Faixa de Rodagem	Via mais Estreita (lado direito)	Via estreita
Curva à direita	Curva e contracurva	Semáforos
Peões na via	Crianças Atravessando	Passagem para peões
Pessoas Idosas cruzando	Aproximação de Via Para Ciclistas	Ponte em Lomba
Gelo	Túnel	Ponte Levadiça
Aviões a Baixa Altitude	Trânsito nos 2 sentidos	Rua de Sentido único cruza com rua de trânsito nos 2 sentidos
Descida Acentuada	Subida Acentuada	Cruzamento com via de eléctricos
Animais Selvagens	Gado	Pessoas a cavalo
Possibilidade de queda de pedras	Semáforos Avariados	Curva Perigosa à Esquerda

CÍRCULOS VERMELHOS - PROIBIÇÃO/ORDENS

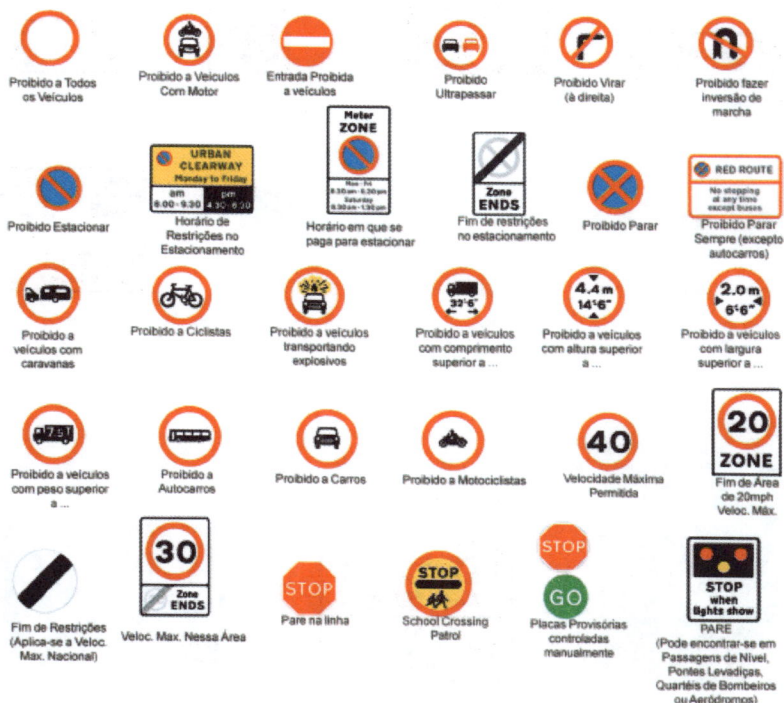

Proibido a Todos os Veículos

Proibido a Veículos Com Motor

Entrada Proibida a veículos

Proibido Ultrapassar

Proibido Virar (à direita)

Proibido fazer inversão de marcha

Proibido Estacionar

URBAN CLEARWAY
Monday to Friday
am 8.00-9.30
pm 4.30-6.30

Horário de Restrições no Estacionamento

Meter ZONE
Mon-Fri
8.30 am-6.30 pm
Saturday
8.30 am-1.30 pm

Horário em que se paga para estacionar

Zone ENDS

Fim de restrições no estacionamento

Proibido Parar

RED ROUTE
No stopping at any time except buses

Proibido Parar Sempre (excepto autocarros)

Proibido a veículos com caravanas

Proibido a Ciclistas

Proibido a veículos transportando explosivos

32'6"
Proibido a veículos com comprimento superior a ...

4.4 m 14'6"
Proibido a veículos com altura superior a ...

2.0 m 6'6"
Proibido a veículos com largura superior a ...

7.5T
Proibido a veículos com peso superior a ...

Proibido a Autocarros

Proibido a Carros

Proibido a Motociclistas

40
Velocidade Máxima Permitida

20 ZONE
Fim de Área de 20mph Veloc. Máx.

Fim de Restrições (Aplica-se a Veloc. Máx. Nacional)

30 Zone ENDS
Veloc. Max. Nessa Área

STOP
Pare na linha

STOP
School Crossing Patrol

STOP GO
Placas Provisórias controladas manualmente

STOP when lights show
PARE (Pode encontrar-se em Passagens de Nível, Pontes Levadiças, Quartéis de Bombeiros ou Aeródromos)

VÁRIOS

Informação de Interesse Turístico

For Hampton Court Palace leave at Junction 10

Zoo 3 →

i Tourist information

Obras na estrada

800 yards
Vias cortadas mais à frente

50 ¾ mile ahead
Sinal Provisório de Veloc. Max.

30
Contraflow System

Veículo lento ou parado. Passar pelo lado indicado

SLOW WET TAR
Aviso Temporário (Asfalto derretido)

Sorry for any delay End
Fim de Trabalhos na Estrada

Free recovery Await rescue
Assistência grátis Aguarde

Indicações de desvios provisórios em autoestradas e outras estradas principais

Outros sinais

Ferryboat - viaturas

Cruzamento seguinte, percurso aconselhado para pesados

Câmaras com radar de velocidade

Telefone público nessa direção

Indicação da distância até ao seguinte cruzamento

Indicação de via para veículos de emergência

Junção com vias de trânsito adicionais

Veículos de mercadorias - usar via da esquerda para local de controlo mais à frente

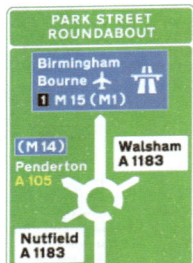

Placa perto de cruzamentos em estradas principais

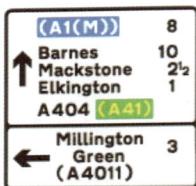

Placa perto de cruzamentos em estradas secundárias

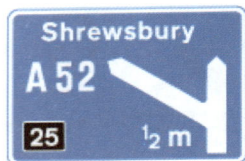

Placa antes de cruzamentos (entrada/saída) na autoestrada

Sinais em Veículos

Carga perigosa

Transporte escolar

Carga sobressai dos lados

e/ou

na retaguarda

Marca posicional (skips e veículos grandes)

Para uma lista completa dos sinais de trânsito do R.U. consulte o livro "Know Your Traffic Signs"

MANUAL
DE
CONDUÇÃO

Se deseja passar o exame de código, é **indispensável** estudar o **Livro de Perguntas e Respostas** depois de se familiarizar com o código da estrada. Nesse livro pode encontrar TODAS as perguntas e respostas do exame e também toda a informação referente ao exame, incluindo os contatos para fazer a marcação (ver www.jfernandes.eu).
É imprescindível também praticar com o CDRom "Hazard Perception" para poder passar na segunda parte do exame.

O Manual Prático seguinte foi concebido por instrutores qualificados e explica o lado prático da condução incluindo todos os tópicos de uma técnica perfeita de aprendizagem. Deve ser consultado antes e depois das lições práticas, durante toda a fase de preparação para o exame prático.

Se procura um instrutor que fale português, consulte a lista na página 92.

Agradecemos a valiosa colaboração da autoescola
Primeira Driving School www.primeira.co.uk

7. MANUAL DE CONDUÇÃO (CARRO)

7.1 CONHEÇA O CARRO - COMANDOS

Pedais

O pedal do lado direito é o acelerador. Usa-se para aumentar as rotações do motor, o que normalmente implica um aumento na velocidade do carro.
Este pedal pisa-se suavemente com o pé direito.

O pedal do meio é o travão (freio).
Usa-se para reduzir a velocidade e parar.
Este pedal pisa-se suavemente com o pé direito.

O pedal do lado esquerdo é a embraiagem.
Usa-se para meter as mudanças (mudanças na caixa de velocidades) e para parar.
É o único pedal que se pisa com o pé esquerdo.

Os carros automáticos têm apenas dois pedais:
Travão e Acelerador.

Travão de mão

O travão de mão usa-se apenas quando o carro já está completamente parado. Serve para termos a certeza de que o carro permanece imobilizado.
Quando a alavanca está para baixo o travão não está aplicado.
Ao accionar o travão (puxar a alavanca para cima) deve premir o botão que se encontra na ponta da alavanca.

Mudanças

Normalmente as posições das mudanças nos carros correspondem a um dos seguintes exemplos:

A mudança que se escolhe geralmente deve corresponder às seguintes velocidades:

1^a = 0 - 10 mph
2^a = 10 - 20 mph
3^a = 20 - 30 mph
4^a = 30 - 40 mph
5^a = 40 - 70 mph
6^a - (apenas alguns veículos) recomendada para alta velocidade constante em autoestradas.

Volante

Durante a condução, a posição das mãos deve ser o equivalente no relógio à posição dos ponteiros quando são 2 horas menos 10 minutos, ou 3 horas menos 15 min.

Devemos imaginar uma linha invisível do cimo ao fundo do volante e não deixar nunca que a mão esquerda passe para o lado direito nem a mão direita para o lado esquerdo.

Quando queremos virar o volante, as mãos devem deslocar-se para cima e para baixo de forma sincronizada; enquanto uma vira o volante a outra desloca-se para a nova posição e vice-versa.

Limpa pára-brisas

Geralmente o manípulo dos limpa pára-brisas situa-se no lado direito do volante.

Indicadores de direção (Piscas)

Os piscas ligam-se no manípulo que se encontra no lado esquerdo do volante (esquerdo para baixo - direito para cima)

Luzes / Faróis

As luzes (mínimos e médios) podem ligar-se em lugares diferentes dependendo dos carros. Geralmente ligam-se no mesmo manípulo dos piscas, rodando a ponta do manípulo, ou um botão no painel de instrumentos.

Geralmente, se tiver os médios ligados e quiser ligar os máximos (ou vice-versa) empurra o manípulo em direcção ao volante.

Quatro Piscas (Luzes de emergência)

O botão para ligar / desligar os quatro piscas situa-se no painel de instrumentos do carro.

Luzes de nevoeiro

Só deve ligar as luzes de nevoeiro se a visibilidade for inferior a 100 metros.
Não se esqueça de as desligar quando a visibilidade melhorar.

Desembaciador

Ligue quando notar que o vidro de trás fica embaciado. É essencial ter sempre boa visibilidade à sua volta.

Se o pára-brisas ou os vidros laterais se embaciarem (principalmente quando chove ou há muita umidade) ligue o ar quente/frio e/ou abra um pouco os vidros. Alguns veículos possuem um botão para ligar o desembaciador do vidro da frente.

Buzina

Geralmente encontra-se no manípulo das luzes ou no volante.

Espelhos

O carro tem três espelhos:
Espelho lateral esquerdo
Espelho interior
Espelho lateral direito

Espelho interior (retrovisor)
Deve olhar através deste espelho :
* antes de ligar o pisca
* antes de reduzir a velocidade ou acelerar
* antes de parar
* quando vir um perigo mais à frente
* quando entrar numa estrada/rua.

Espelhos laterais (nas portas)
Os espelhos laterais devem usar-se como complemento do espelho interior quando muda de direção ou de via, ao sair das rotundas e também para verificar a posição do carro.

7.2 TÉCNICA DE CONDUÇÃO

Início da Marcha (Arrancar)

Preparação:
Pise a embraiagem a fundo, meta a primeira, acelere suavemente e sinta o ponto em que a embraiagem prende.

Observação:
Olhe pelo espelho esquerdo, para a frente, pelo espelho interior, espelho direito e ponto cego no lado direito.

Arranque:
Se a via estiver livre ligue o pisca da direita, solte o travão de mão e comece a soltar a embraiagem **muito lentamente** ao mesmo tempo que aumenta suavemente a pressão no acelerador.

Olhe de novo pelo espelho interior e avance, colocando-se a cerca de um metro do passeio ou dos carros estacionados. Este deve ser o seu posicionamento normal quando conduz.

Mudanças

Para meter uma mudança mais alta:
Primeiro olhe pelo espelho interior.
Solte o acelerador - Pise a embraiagem - Mude para uma mudança mais alta (ex. de primeira para segunda ou de segunda para terceira) - Solte a embraiagem e acelere.

Para meter uma mudança mais baixa:
Primeiro olhe pelo espelho interior.
Solte o acelerador - Pise a embraiagem - Mude para uma mais baixa - Solte a embraiagem.

Encostar e Parar

Lembre-se da rotina **Espelho - Sinal - Manobra**.

Espelho: Olhe pelo espelho interior e pelo do lado esquerdo.

Sinal: Ligue o pisca da esquerda.

Manobra:
Solte o acelerador, vire em direcção ao passeio, depois para o lado contrário, e depois para a frente.
Pise a embraiagem e trave até parar. Mantenha os pés nessa posição.
Aplique o travão de mão, coloque a alavanca das mudanças em ponto morto.
Agora o carro está seguro. Pode soltar os pedais.

Trânsito em sentido oposto

Quando nos encontramos com outros veículos que viajam em sentido contrário, é essencial prever e planear com antecedência.

Quando circulamos numa estrada onde há obstruções (por ex. carros estacionados etc.) e só pode passar um carro de cada vez, devemos olhar para a estrada bem mais à frente porque se vier um carro em sentido contrário alguém tem de parar e dar a prioridade, e esse alguém deve ser você. Não pode supor que o outro condutor vai parar, pois pode não o fazer.

Se houver espaço **no lado esquerdo**, entre nesse espaço e espere para permitir ao outro condutor passar.
Se houver um espaço **no lado direito**, espere em frente a esse espaço para que o outro veículo possa entrar para o espaço e você possa prosseguir.

Se observar bem a estrada/rua à sua frente encontrará sempre um lugar adequado para passar por outra viatura.

Se não prevermos e planearmos com antecedência, podemos causar problemas no trânsito.

Cruzamentos

Entrar numa rua/estrada principal à direita:

Lembre-se da rotina **Espelho - Sinal - Manobra**.

Olhe pelos espelhos; Primeiro pelo espelho interior e depois pelo da direita.

Veja se já não há mais nenhuma rua/estrada antes daquela para onde vai virar e ligue o pisca da direita. Se houver ainda alguma rua/estrada antes, espere até a passar e só depois é que deve ligar o pisca.

Coloque-se na via da direita, se houver uma, ou então coloque-se junto à linha central.

Diminua a velocidade gradualmente até menos de 10 mph, pise a embraiagem e meta a primeira.

Olhe para a direita, para a esquerda e de novo para a direita. Se a estrada estiver livre, pode prosseguir levantando suavemente o pé da embraiagem.
Se vierem veículos ou estiverem pessoas a atravessar, pare e use o travão de mão. Continue quando a via estiver livre.

Entrar numa rua/estrada principal à esquerda:

Lembre-se da rotina **Espelho - Sinal - Manobra**.

Olhe pelos espelhos; primeiro pelo espelho interior e depois pelo da esquerda.

Veja se já não há mais nenhuma rua/estrada antes daquela para onde vai virar e ligue o pisca da esquerda. Se houver ainda alguma rua/estrada antes, espere até a passar e só depois é que deve ligar o pisca.

Coloque-se na via da esquerda, ou se já estiver no lado esquerdo, mantenha-se a cerca de um metro da berma/ passeio ou dos carros estacionados.

Diminua a velocidade gradualmente até menos de 10 mph, pise a embraiagem e meta a primeira.

Olhe para a direita, para a esquerda e de novo para a direita. Se a estrada principal (onde vai entrar) estiver livre, pode seguir levantando suavemente o pé da embraiagem.
Se vierem veículos ou se houver pessoas a atravessar, deve parar e aplicar o travão de mão.
Continue quando a via estiver livre.

Virar à direita para uma rua/estrada secundária:

Lembre-se da rotina **Espelho - Sinal - Manobra**.

Olhe pelo espelho interior e depois pelo da direita.

Se houver ainda alguma rua/estrada antes, espere até a passar e só depois é que deve ligar o pisca.

Coloque-se na via da direita, se houver uma, ou então coloque-se junto à linha central.

Diminua a velocidade gradualmente, pise a embraiagem e reduza para segunda.

Olhe para a frente para ver se vêm veículos em sentido contrário.

Olhe para a rua/estrada onde quer entrar para ver se estão pessoas a atravessar . Se estiver livre, pode seguir.

Virar à esquerda para uma rua/estrada secundária:

Lembre-se da rotina **Espelho - Sinal - Manobra**.

Olhe pelo espelho interior e depois pelo da esquerda.

Veja se já não há mais nenhuma rua/estrada antes daquela para onde vai virar e ligue o pisca da esquerda.

Coloque-se na via da esquerda, ou se já estiver no lado esquerdo, mantenha-se a cerca de um metro da berma/passeio ou dos carros estacionados.

Diminua a velocidade gradualmente e meta segunda.

Olhe para a rua/estrada onde vai entrar para ver se há pessoas a atravessar. Se a via estiver livre pode seguir.

Ultrapassagem

Quando quiser ultrapassar lembre-se da rotina **Espelho - Sinal - Manobra**.

Deve ultrapassar pela direita. Só em algumas ocasiões especiais é que se pode ultrapassar pela esquerda.

Olhe pelos espelhos, primeiro pelo espelho interior e depois pelo espelho direito.
Ligue o pisca da direita.

Coloque-se ligeiramente para o lado direito para poder ver mais à frente da obstrução ou do veículo que deseja ultrapassar.

Ajuste a velocidade e escolha a mudança adequada que lhe permita acelerar o suficiente para ultrapassar rapidamente.

Olhe bem para a estrada à sua frente para se certificar de que tem espaço suficiente para ultrapassar o obstáculo ou o carro e voltar depois para a sua via sem incomodar os outros utentes da estrada.

Olhe de novo pelos espelhos, acelere imediatamente e volte para a sua via logo depois de completar a manobra.

Rotundas

Sinalização
Quando se aproximar de uma rotunda é importante assinalar correctamente para não confundir os outros condutores.

Aproximação
Se quiser virar à esquerda, ligue o pisca da esquerda e coloque-se no lado esquerdo
Se quiser seguir em frente, não ligue o pisca e coloque-se no lado esquerdo, a não ser que a sinalização indique o contrário.
Se quiser virar à direita, ligue o pisca da direita e coloque-se no lado direito.

Momentos antes de sair da rotunda ligue o pisca da esquerda (ao passar em frente à saída anterior àquela por onde pretende sair). Isto não é necessário nas mini-rotundas.

Prioridade/Preferência

Os veículos que se aproximam pela direita têm prioridade. Esteja atento aos sinais para saber se vão continuar na rotunda até passar pelo local onde se encontra (ESPERE), ou se vão sair antes do ponto onde você se encontra (Pode continuar).

Quando entra na rotunda é importante ter já a certeza do percurso que vai seguir.

Existem vários tipos de passadeiras:
Zebra Crossing
Pelican Crossing (controlado por semáforos)
Puffin Crossing (controlado por semáforos)
Toucan Crossing (controlado por semáforos)

Em primeiro lugar deve aperceber-se de que está a aproximar-se de uma passadeira.
Primeiro deverá aparecer um sinal, e quando se aproximar mais, será visível o semáforo ou uma luz laranja intermitente e linhas brancas em ziguezague no asfalto.

Zebra Crossing

Depois de identificar a passadeira, olhe pelo espelho interior, solte o acelerador e prepare-se para parar. Se houver alguém a atravessar ou à espera para atravessar, pare o carro e espere com o travão de mão posto. Quando os peões terminarem de atravessar deve avançar.

Outras passadeiras

Depois de identificar a passadeira, olhe pelo espelho interior, solte o acelerador e prepare-se para parar se o semáforo ficar vermelho. Pode seguir quando o semáforo mudar.
Na passadeira *Pelican,* depois do vermelho aparece a luz amarela a piscar. Isto significa que pode continuar se já não houver peões a atravessar.
Nas passadeiras *Puffin* e *Toucan* não existe luz amarela intermitente. Espere até acender a luz verde.
Recorde que NÃO pode ultrapassar na área das linhas brancas em ziguezague.

7.3 MANOBRAS

Paragem de emergência

O examinador dirá: *"Durante a condução normal, levantarei a mão e direi STOP. Antes de o fazer verificarei se vem algum veículo atrás".*

Quando ouvir a ordem "STOP", você deve:
- Segurar o volante com firmeza.
- Pisar o travão imediatamente e pisar também a embraiagem.

Quando o carro parar completamente deve aplicar o travão de mão e pôr em ponto morto.

Quando o examinador lhe disser que pode seguir:
- Meta a primeira
- Olhe para o ponto cego no lado esquerdo
- Olhe em redor
- Olhe para o ponto cego do lado direito

Se não vier ninguém, pode seguir.

Inversão do sentido de marcha

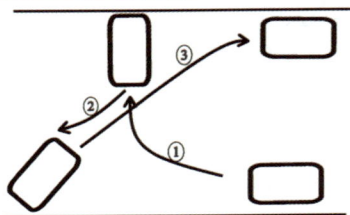

1ª Parte

PREPARAÇÃO
Pise a embraiagem
Meta a mudança (primeira)
Acelere suavemente
Encontre o ponto de embraiagem

OBSERVAÇÃO
Verifique o ponto cego do lado esquerdo, espelho esquerdo, frente, espelho interior, espelho direito e ponto cego do lado direito.

ARRANCAR
Solte o travão de mão.
Se o carro não avançar, levante suavemente o pé da embraiagem até o carro começar a andar.
Se o carro começar a andar, mantenha a embraiagem nesse ponto e vire rapidamente o volante todo para a direita.
Quando estiver perto do passeio, pise a embraiagem e vire o volante para a esquerda.
Pise no travão para parar.
É importante recordar que as rodas do carro não podem tocar na berma, nem qualquer parte do carro pode sobressair para o passeio.

2ª Parte

PREPARAÇÃO
Embraiagem a fundo
Meta a mudança
Acelere suavemente
Encontre o ponto de embraiagem

OBSERVAÇÃO
Olhe para a direita e para a esquerda, para ver se vem algum veículo.
Olhe pelo vidro de trás.

ARRANCAR
Enquanto olha pelo vidro de trás solte o travão de mão e recue lentamente virando completamente o volante para a esquerda.
Olhe por cima do ombro direito para o passeio e vire o volante para a direita.
Pise na embraiagem a fundo e trave para parar antes de a frente do carro ficar em cima do passeio.

3ª Parte

PREPARAÇÃO

Embraiagem a fundo
Meter a mudança
Acelerar
Encontrar o ponto de embraiagem

OBSERVAÇÃO

Olhe para a esquerda e para a direita, de novo para a esquerda, para ver se vem algum veículo na estrada.

ARRANCAR

Solte o travão de mão e vire completamente o volante para a direita. Logo que o carro termine de virar, sem tocar no passeio, endireite a direção e siga.

Se não houver espaço suficiente para terminar de virar, repita a 2ª e depois a 3ª parte.

Estacionamento atrás de um carro - Método 1

Pare ao lado (a cerca de meio metro) do carro estacionado, ficando o seu assento alinhado com o pára-choques do carro. Use o travão de mão.

Meta marcha-atrás, acelere um pouco e faça o ponto de embraiagem. Olhe bem em redor. Se não se aproximar nenhum veículo solte o travão de mão e retroceda devagar olhando pelo vidro da porta traseira (esquerda) do carro.

Quando começar a ver no canto do vidro traseiro a parte de trás do carro estacionado, vire devagar o volante para a esquerda (uma volta completa) ao mesmo tempo que continua a retroceder. Olhe de novo à sua volta.

Olhe para o seu espelho esquerdo.
Quando vir que o espelho passa a parte traseira do outro carro, pise a embraiagem e vire rapidamente o volante duas voltas para a direita.
Olhe de novo à sua volta.
Continue a retroceder devagar olhando para a frente e para trás até o carro ficar direito (paralelo ao passeio) e vire o volante uma volta para a esquerda.

Use o travão de mão e ponha em ponto morto.

Se o carro tocar no passeio vire para a esquerda e avance até o carro ficar direito. Endireite a direcção.

Se o carro estiver muito afastado do passeio, retroceda cerca de 3 metros. Pare e avance virando primeiro para a esquerda, depois para a direita e em seguida endireite a direcção.

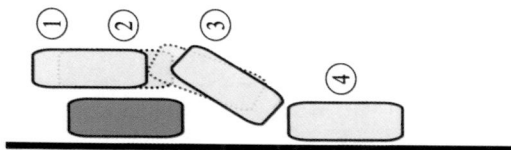

Estacionamento atrás de um carro - Método 2

Pare ao lado (a cerca de meio metro) do carro estacionado, ficando com o seu assento na mesma direcção do pára-choques do carro, use o travão de mão.

Meta marcha-atrás, olhe bem em redor.

Se não se aproximar nenhum veículo solte o travão de mão e retroceda devagar olhando pelo vidro traseiro e vidro da porta traseira esquerda.

Quando o espelho esquerdo estiver alinhado com o centro do outro carro (o centro será a barra de metal que separa as portas de trás e da frente), vire o volante UMA volta para a esquerda.

Olhe à sua volta, retroceda devagar olhando de novo à volta do carro e depois veja através do espelho esquerdo se dá a impressão visual de o fecho da porta da frente (esquerda) se aproximar da beira do passeio. Quando isso acontecer, pise a embraiagem, olhe à sua volta e vire o volante duas voltas para a direita.

Continue a retroceder devagar olhando à sua volta e use o espelho esquerdo para confirmar se o carro está direito, (paralelo ao passeio) vire o volante uma volta à esquerda.

Use o travão de mão e ponha em ponto morto.

Se o carro tocar no passeio vire o volante para a esquerda meta a primeira e avance até o carro ficar direito. Endireite a direcção.

Se o carro estiver muito distante do passeio, retroceda cerca de 3 metros. Depois avance virando primeiro para a esquerda depois para a direita e em seguida endireite a direcção.

Estacionamento em lugares marcados

Pare a cerca de um metro de distância dos espaços para estacionamento.

Olhe bem à sua volta.

Comece a retroceder.

Quando vir que a traseira do carro está alinhada com a linha que marca o espaço para estacionamento, vire o volante completamente para a esquerda e continue a retroceder lentamente.

Olhe bem à sua volta.

Quando o carro estiver direito (paralelo), endireite o volante.

Olhe para trás e à sua volta. Pare, use o travão de mão e ponha em ponto morto.

Se quando estiver no meio da manobra achar que o carro não vai ficar entre as 2 linhas, PARE e avance para endireitar o carro. Depois retroceda usando os espelhos laterais para se orientar pelas linhas que marcam o espaço e vire o volante de forma adequada olhando bem em redor.

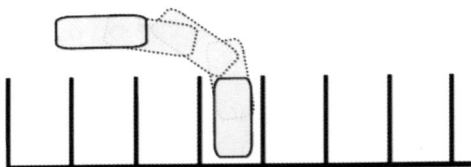

Pare antes do entroncamento.
Avance e analise bem a esquina ao passar por ela e pare
cerca de 5 metros depois da esquina.

PREPARAÇÃO
Embraiagem a fundo
Meta a mudança (marcha-atrás)
Acelere suavemente
Encontre o ponto de embraiagem

OBSERVAÇÃO
Olhe para:
- ponto cego do lado direito
- espelho direito
- espelho interior
- para a frente
- espelho esquerdo, e
- através do vidro traseiro.

INICIAR A MANOBRA
Solte o travão de mão olhando pelo vidro traseiro e
retroceda devagar até ver a linha branca central no canto
do vidro.

Enquanto retrocede devagar, vire completamente o volante
para o lado esquerdo.

Pare quando as linhas transversais (que mandam ceder a
prioridade) estiverem debaixo do seu assento.
Agora está a meio da manobra.

Vire o volante (meia volta) para a direita, (para que o volante
pareça direito).

Olhe bem em redor e certifique-se de que o carro está bem
posicionado (sem estar virado para o passeio), e se não
vier nenhum veículo continue a retroceder até o carro estar
alinhado com o passeio.

Dê uma volta ao volante para a direita, para endireitar o
volante.

Verifique de novo se o carro está paralelo ao passeio. Se estiver, continue a retroceder observando bem à sua volta.

Se não estiver, vire o volante 1/4 de volta até o carro ficar direito e continue a retroceder até o examinador mandar parar.

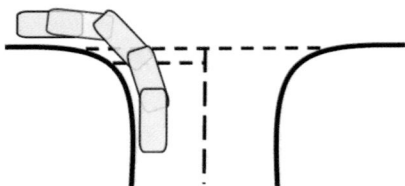

Retroceder para uma rua à esquerda - Método 2

Preparação
Embraiagem a fundo
Meta a mudança (marcha-atrás)
Acelere suavemente
Encontre o ponto de embraiagem

Observação
Olhe em redor, em especial para o ponto cego (lado direito)
Olhe pelo vidro traseiro
Olhe bem à sua volta a cada 5 ou 6 segundos.

Iniciar a manobra
Observe à sua volta, solte o travão de mão olhando pelo vidro traseiro e vidro da porta esquerda traseira, e retroceda devagar até ver a esquina do passeio na rua onde vai virar em linha com a esquina do vidro traseiro (porta esquerda).

Observe à sua volta, retrocedendo devagar vire o volante completamente para o lado esquerdo.

Observe uma vez mais e verifique no espelho esquerdo se o carro está direito (paralelo) com o passeio/berma. Se estiver, endireite o volante. Se não estiver, continue ajustando o seu posicionamento.
Retroceda lentamente cerca de 10 metros.

PECULIARIDADES/DIFERENÇAS DA CONDUÇÃO E DO PROCESSO DE PREPARAÇÃO PARA OS EXAMES NO REINO UNIDO:

Condução

- O trânsito que se aproxima pela direita tem prioridade APENAS nas rotundas e mini-rotundas. Nos cruzamentos, se não houver sinais de trânsito nem marcas na estrada (ou se os semáforos estiverem avariados) NINGUÉM tem prioridade.
- Está permitido falar ao telefone com o *Hands Free Kit*, mas não é aconselhável.
- Não é obrigatório o condutor ter consigo os documentos do carro.
- O seguro automóvel é feito normalmente a título pessoal, ou seja, cobre a pessoa ou pessoas nomeadas na apólice. Não cobre outros condutores que desejem conduzir o veículo, a menos que seja feito especificamente para esse fim.
- Se um pneu furar na autoestrada, não deve tentar trocá-lo. Espere por assistência (ver o capítulo "Condução na Autoestrada").

Preparação para os exames

- Não existe um número mínimo obrigatório de lições de teoria nem de lições práticas de condução.
- Para fazer o exame de código (teórico) deve estudar o livro "Exame de Código - Perguntas e Respostas" e praticar com o CDRom ou DVD "Hazard Perception".
- Para o exame prático (se já souber conduzir) pode fazer a marcação do exame sem ter lições, mas é aconselhável ter algumas lições com um instrutor profissional (ver lista de instrutores de língua portuguesa no Reino Unido, no final deste livro).

Antes de iniciar o exame prático o examinador fará algumas perguntas relacionadas com a manutenção e segurança do carro. Se responder incorretamente contará como um erro no teste. Veja a seguir todas essas perguntas e respetivas respostas.

7.4 PERGUNTAS PARA O EXAME PRÁTICO

P1. Abra o capô, indique onde é que se vê o nível do líquido de refrigeração do motor e diga como pode verificar se o motor tem o nível correto.

Aponte para o recipiente e indique as marcas min./max. Se o nível estiver abaixo da marca min. é necessário adicionar mais líquido. Para isso desaperte a tampa e encha até à marca Max.

P2. Abra o capô, identifique o recipiente do óleo dos travões e explique como verifica se o óleo ainda está num nível que ofereça segurança.

Aponte para o recipiente e indique as marcas min./max.

P3. Mostre/explique como é que se verifica se a direcção hidráulica/assistida está a funcionar, antes de iniciar a viagem.

Se a direcção se sente pesada, talvez o sistema não esteja a funcionar correctamente. Antes de iniciar a viagem pode fazer duas verificações simples. 1) Se pressionar levemente o volante para um lado e ligar o motor, deve notar um pequeno movimento quando o sistema entra em funcionamento. 2) Se virar o volante logo depois de arrancar notará imediatamente se o sistema hidráulico funciona corretamente.

P4. Diga como verifica se as luzes dos travões do carro funcionam. (Se precisar, rode a chave na ignição, mas não ligue o motor).

Pise o pedal do travão e veja se há reflexos das luzes nas janelas, portas de garagens, etc. ou peça ajuda a alguém.

P5. Abra o capô, indique onde se pode verificar o nível do óleo (do motor) e demonstre como se verifica se o motor tem óleo suficiente.

Identifique a vareta do óleo, retire-a e verifique o nível do óleo nas marcas min./max.

P6. Mostre como verifica se a buzina funciona (somente fora da estrada).
Faça pressão na buzina e escute (Se for preciso rode a chave na ignição).

P7. Diga como verifica se as luzes dos travões deste carro funcionam. (Se for preciso, rode a chave na ignição mas não ligue o motor).
Pise o pedal do travão e veja se há reflexos das luzes nas janelas, portas de garagens, etc. ou peça ajuda a alguém.

P8. Diga como verifica se os travões funcionam, antes de iniciar uma viagem.
Ao arrancar experimente os travões. O pedal não deve dar a sensação de estar esponjoso e o veículo não deve "puxar" para um lado quando se trava.

P9. Mostre como verifica se as luzes da frente e de trás funcionam.
Ligue as luzes (se for preciso rode a chave na ignição) e dê uma volta ao veículo para verificar se todas as luzes funcionam.

P10. Mostre como verifica se os "piscas" (indicadores de direção) funcionam corretamente.
Ligue os piscas individualmente ou os 4 piscas simultâneos, e dê uma volta ao carro para verificar se todos funcionam corretamente.

P11. Diga onde se pode encontrar a informação sobre a pressão correcta dos pneus do carro, e como se deve verificar a pressão.
A informação encontra-se no manual do fabricante. Deve verificar a pressão usando um medidor de precisão quando os pneus estão frios, sem esquecer o pneu de reserva (spare tyre). Não se esqueça de voltar a colocar as tampas das válvulas.

P12. Diga como verifica se os desenhos dos pneus ainda têm altura suficiente e se os pneus estão em condições adequadas para andar na estrada.

Para oferecer segurança, os pneus não podem ter cortes nem vultos, e devem ter pelo menos 1,6 mm de altura nos desenhos em ¾ da sua superfície central e em toda a circunferência.

P13. Mostre como verifica se o travão de mão tem demasiado desgaste.

Aplique o travão de mão. Quando está acionado completamente, deverá segurar bem o carro.

P14. Diga como verifica se o encosto para a cabeça está devidamente ajustado de forma a oferecer proteção em caso de acidente.

O encosto deve estar ajustado de forma que a parte rígida esteja à altura dos olhos ou parte superior das orelhas, e o mais perto possível da cabeça. NOTA: alguns encostos podem não ser ajustáveis.

P15. Mostre como limpa o pára-brisas usando os limpa pára-brisas e os jatos de água.

Use o manípulo para deitar água e acionar os limpa pára-brisas (se for necessário rode a chave na ignição).

P16. Mostre como se liga o desembaciador para limpar os vidros de forma eficiente, incluindo os vidros das portas e da frente e de trás.

Ligue os vários comandos incluindo: ventoinha, temperatura, direção e fonte do ar e desembaciador do vidro de trás de forma a limpar todos os vidros. Para esta demonstração não é necessário ligar o motor.

P17. Diga como se dá conta de que há um problema com o sistema de travagem ABS.

Acende uma luz de aviso no painel de instrumentos quando há um problema com o sistema ABS.

P18. Mostre como muda os faróis de médios para máximos, e explique como sabe que estão ligados os máximos se estiver dentro do carro.

Use a alavanca/botão (se for preciso rode a chave na ignição ou ligue o motor), verifique na luz de aviso dos máximos no painel de instrumentos.

P19. Mostre como liga a luz de nevoeiro traseira e explique quando é que deve usá-la. (Não é preciso sair do veículo).

Use a alavanca/botão (se for preciso rode a chave na ignição e ligue os médios), verifique na luz de aviso no painel de instrumentos. Explique quando se deve usar.

AUTOESCOLA / INSTRUTOR	CONTACTO	ÁREA
ANTÓNIO DA SILVA	0779 772 7708	JERSEY
AMIGOS DRIVING SCHOOL	07801056991	LONDRES N. e S.
AURÉLIO	07956 366 414	LONDRES NORTE
BRAVO SCHOOL OF M.	0208 4069014	LONDRES SUL
CARLOS ANTUNES	07850949144	LONDRES OESTE
CARLOS PEREIRA	07875718457	LONDRES NORTE
CHELSEA DRIVING SCH.	07710299657	LONDRES S. e OESTE
GRANADA	020777922002	LONDRES
JOÃO LOURENÇO	07951087332	LONDRES NORTE
JOAQUIM COELHO	0795 669 9070	LONDRES NORTE
LUSITANIA	0776 1933 597	HOUNSLOW
LUSO DRIVING SCH.	0797 185 7993	LONDRES SUL
MACIEL PESTANA	07736733872	LONDRES OESTE
MANUEL DRIVING SCH.	07956504447	LONDRES CENTRO
MARIA FREITAS	07949003541	WATFORD
P. BARQUINHA	07956349523	HOUNSLOW
PREMIER SCHOOL OF M.	07985 205 241	LONDRES LESTE
PRIMEIRA DRIVING SCH.	0207 501 9453	LONDRES SUL
PROGRESSO DRIVING SCH.	07797711307	JERSEY
RED DRIVING SCH.	07828486151	LONDRES NORTE
SANDI MORAIS	07747530063	LONDRES OESTE
TONY'S DRIVING SCH.	07860214998	LONDRES SUL

Este Manual e o Livro de Perguntas e Respostas para o exame de código (Carro e Moto) estão à venda nas Escolas de Condução / Autoescolas acima indicadas e nos seguintes locais:

BRAZILIAN WAY TRAVEL	0208 453 0014	WILLESDEN JUNCTION
CHAVE DO DOURO	02079249508 02087680770	CAMBERWELL CRISTAL PALACE
LUSA MINI MARKET	01493 859998	GREAT YARMOUTH
LUSO PORTUGUÊS	01162612015	LEICESTER
MERCEARIA BRASIL	0208 9620252	KENSAL GREEN
SINTRA DELICATESSEN	02077339402	STOCKWELL